바쁜 사람에게
일을 시켜라

바쁜 사람에게 일을 시켜라

지은이 앤 왓슨
옮긴이 이형욱 · 이유경
펴낸이 김병은
기획/편집 서진
마케팅 이현우
디자인 디자인 모아
펴낸곳 프롬북스

등록 제 313-2007-000021호(2007.2.1)
1판 1쇄 인쇄 2012년 7월 4일
1판 1쇄 발행 2012년 7월 11일

주소 경기도 고양시 일산동구 장항2동 867번지 웨스틴타워 1동 717호
문의 031-931-5990
팩스 031-931-5992

홈페이지 www.frombooks.co.kr
전자우편 edit@frombooks.co.kr

ISBN 978-89-93734-20-1 13320
정가 14,000원

HOW TO SUCCEED WITH NLP

바쁜 사람에게
일을 시켜라

앤 왓슨 지음 | 이형욱 · 이유경 옮김

프롬북스
frombooks

자신이 꿈꾸고 있는 성공을 이루는 일은 우리 모두가 추구하는 바다. 당신에게 성공이 의미하는 것은 무엇인가? 자신이 원하는 것이 무엇인지 안다면 성공으로 향하는 길을 이미 걷고 있는 것이다. 성공의 의미를 이미 깨닫고 있다면 다음 단계는 성공의 반열에 올라서기 위해 어떤 다양한 노력이 필요한지 알아야 한다.

어떤 사람이든 이미 최고의 단계에 도달했다고 해도 지금보다 훨씬 더 나은 사람으로 변화할 수 있다. 이 책은 성공의 의미를 깨닫게 도와주는 안내자 역할을 할 것이며, 성공을 위해 거쳐야 할 단계들을 발견하도록 도와줄 것이다. 예를 들어 개인적인 성장, 승진, 업무 성과, 상사의 인정, 또는 연봉 인상 등이 성공의 기준이라고 가정해보자. 이 모든 것을 이루기 위해서는 현재 자신이 하는 일의 가치를 새롭게 창출해야 한다. 수많은 인재 중 가장 뛰어난 인재가 되려면 어떤 준비를 해야 할까? 회사가 절대 놓치고 싶어하지 않는 뛰어난 인재가 되기 위해 무엇을 해야 하는가? 만약 회사가 소중히 여기는 보물 같은 존재가 된다면 그에 대한 대가는 반드시 받게 될 것이다.

이 책의 핵심은 누구나 실천 가능한 방법을 제시한다는 것이다. 성공의 의미를 정의하는 데 도움이 될 방법과 함께 구체적인 사례들을 통해 좋은 인재에서 뛰어난 인재로 성장하는 법을 알려줄 것이다.

이 책은 일과 인생에서 흔히 겪게 되는 다양한 상황, 딜레마, 문제점들을 보여주면서 신경언어프로그래밍(NLP, Neuro Linguistic Programming)을 토대로 자신을 변화시키는 데 필요한 여러 가지 방안을 제시할 것이다. 1장에서 NLP에 대해 상세히 소개하겠지만, 그렇다고 이 책이 NLP만을 설명하는 것은 아니다. 이 책은 성공을 이루고 업무 성과를 높이는 모든 방법을 조목조목 짚어줄 것이다. 이를 통해 인생을 주도적으로 이끌어가면서 모든 면에서 눈에 띄는 성과를 얻게 된다. NLP에 대해 꼭 알아야 할 한 가지는 NLP가 상당히 효과적이라는 것이다.

각 분야에서 1인자로 성공한 사람들은 자신의 삶을 전적으로 책임졌다는 점을 깨달았다면 당신은 이미 출발점에 서 있는 것이다. 그들은 자신의 인생을 바꾸어놓은 모든 일이 결국 자신의 결정에 달려 있었던 것이라 믿고 있다. 또한 가정환경이나 학력, 인생에서 겪게 되는 시련에 개의치 않는다. 오히려 그런 일들을 수용하면서 상황에 맞게 변화하여 원하는 것을 이루어낸다.

러시아의 세계적인 바이올리니스트 알리나 이브라기모바Alina Ibragimova도 그런 방식으로 성공을 이루었다. 그녀는 어린시절부터 공연을 많이

해오면서 공연시작 전엔 긴장감에 시달리곤 했다. 12세 때이던 어느 날 이브라기모바는 이젠 더 이상 긴장하지 않겠다는 결심을 하게 되었다. 놀랍게도 그녀는 그 후 긴장감에서 벗어날 수 있었다. 성공을 방해하는 장애물을 제거할 가장 빠르고 효과적인 방법이 무엇인지 알고 싶은가? 벗어나기 힘든 상황과 감정을 지배하는 법을 알고 싶지 않은가? 지금까지 살면서 나타나는 결과들이 우연의 연속이 아니라 원하던 결과로 만들려면 어떻게 해야 할 것인가?

원하는 것을 성취하고 싶다면 그 목표를 향한 꾸준한 노력이 필요하다. 단지 한 가지 일을 제대로 해낸다고 해서 다음 단계로 넘어가는 것은 아니다. 어떤 일에서든 성과를 얻으려면 일을 제대로 처리해야 하고, 그 성과에 대해 인정도 받아야 하며, 회사 동료나 고객을 비롯해 협력 업체 등과도 원활한 관계를 만들어가야 한다. 또한 승진과 보상을 목표로 했다면 그에 대한 합당한 평가를 받도록 해야 한다.

대인관계는 개인적으로나 공적으로나 모두 중요하다. 인생의 꿈과 목표를 이루고 싶다면, 인적 관계가 중요한 역할을 한다는 점을 인식해야 한다.

첫 발걸음을 제대로 내딛기 위해서는 자신이 어떤 유형의 사람이고, 어떤 역할을 할 수 있는지 깨닫는 것이 중요하다. 이 과정을 마친 후 그 다음 단계는 타인을 이해하는 것이다. 타인과 의사소통을 함으로써 내가 원하는 것을 어떻게 얻을 수 있을까? 나의 의도를 어떻게 전달해야 하며, 상대의 말을 제대로 이해했는지는 어떻게 알 수 있을까? 문제의 진정한 핵심을 파악하고 해결하기 위해 어떻게 유연성과 집중력을 발휘해야 할까?

이 책에서 소개하는 효과적인 방법을 통해 업무력이 향상되고, 자신의 커리어를 긍정적으로 변화시키며 성공을 주도적으로 이끌 수 있는 능력을 키우게 될 것이다.

그렇다면 업무력이 향상된다는 것은 무엇을 의미할까? 연봉을 더 많이 받는 것인가? 승진인가? 모두가 부러워하는 교육 과정의 대상자로 발탁되는 것인가? 조직 내 비중 있는 존재감에만 만족하는것인가? 발전이 무엇을 의미하든 간에 이 모든 것은 당신에게 달려 있다. 가장 중요한 것은 어떻게 목표에 도달할지 알고 있는가이다.

부정적인 마음을 떨쳐버리기에 지금만큼 적당한 시기가 없다. 비참한 생각, 우울한 태도, 기분 나쁜 일, 불만 등은 중독되기 쉽고 전염성이 강해 다른 사람까지 갉아먹는다. 우선 긍정적인 분위기로 출발을 준비하자. 부정적인 면보다는 긍정적인 면을 바라보는 사고 습관을 가지도록 하자. 긍정적인 사고를 함으로써 훨씬 활기차고 마음이 상쾌해지는 변화를 느끼게 될 것이다. 오늘날 다양한 외부 요인 때문에 직장에서 개인을 통제할 수 없는 상황이 되어버렸다. 그 결과 직장은 힘겹고 변화무쌍한 무대로 바뀌었다. 과거의 직장이란 평탄하고 예상 가능한 길을 계속 걷는 것이었다. 성실하게 열심히 일하고 회사에 충성하면 자연스럽게 장기간 근무하고 연봉도 해마다 오르기 마련이었다. 때로는 직원 평가를 하지 않는 회사도 있고 귀책사유 없이 억울하게 회사에서 내몰리는 경우도 있긴 했지만, 대체로 노력에 대한 합당한 결과를 기대할 수 있었다. 여기에 적용되는 인과관계의 법칙이란 성실하게 일하면 오랫동안 자리를 지킬 수 있고, 연금으로도 보상받을 수 있다는 것이다. 그러나 오늘날 사정이 달라졌다. 당신은 새로운 규칙에 따라 변해야 한다.

21세기에 들어 회사와 직원의 태도는 180도 탈바꿈했다. 1990년대 이후 커리어는 유동적이라는 생각이 어느새 자연스러운 현상이 되었고, 그에 대한 긍정적인 면도 생겨났다. 기업들은 기업구조를 비롯해 이익 달성을 위한 경영방식까지 모든 차원에서 계속 변화하고 있으며, 그 어느 때보다 빠르게 적응해나갔다. 한 기업에서만 평생을 보낸 직원은 경험이 다양하지 않기 때문에 계속 변화를 요구하는 회사에 도움이 되지 않는다고 여겨질 때도 있다.

직원들의 경우 예전과는 달라졌다. 일하고 싶은 직장을 택하고, 직장이 마음에 들지 않으면 과감하게 떠날 수 있다. 예를 들어 직장 때문에 삶의 질이 떨어지고 일과 여가 생활의 불균형이 생긴다면, 회사를 떠나는 결단을 내릴 수 있다는 것이다. 그러나 경제가 어려워져 신용경색(Credit Crunch, 금융기관에서 돈이 제대로 공급되지 않아 기업들이 어려움을 겪는 현상)과 '다운사이징(Downsizing, 기업의 감량경영),' '경영 합리화'가 빠르게 진행된다면 이러한 선택은 제한될 것이다. 외부 요인들 때문에 선택을 자유롭게 하지 못하고 주변의 일을 통제하는 능력이 약해지게 될 수 있을까? 그렇지 않다. 자신에게 생기는 일에 책임질 수 있다면 그 반대의 상황도 가능하다. 당신은 삶의 방식을 스스로 바꾸고 자신의 커리어도 새롭게 쌓아갈 수 있다. 단, 그렇게 하기 전에 자신의 운명을 주도적으로 바꾸는 기술과 성공을 위해 직장에서 실천해야 할 전략을 익혀야 한다.

이것의 핵심 키워드는 변화, 선택, 주도다. 이를 통해 좋은 인재에서 뛰어난 인재로 도약하는 법을 배울 수 있다. 사실 모든 것은 자신의 노력과 결정에 달려 있다. 그 과정에서 이 책은 도움을 줄 뿐이며, 결국 모든 것을 가능하게 하는 것은 당신의 노력이다.

| 차례 |

제1장

뛰어난 인재들은
어떻게 성공을
준비하는가

"최고의 성과를 얻기 위해서는
뚜렷한 목표를 설정해야 한다."

자동차나 기차를 타고 출발할 때는 대개 도착 지점을 안다.
자세한 지도는 없어도 여정이 끝났을 때
어디에 있고 싶은지 아는 것이다.
커리어도 이와 마찬가지다.
자신이 원하는 것을 분명히 알고 있어야
큰 그림에서 벗어나지 않을 수 있다.

꿈의 실현을 위해
준비해야 할 시간

 아침에 눈 뜨는 순간을 떠올려보자. 하루를 기대하며 벌떡 일어나는가, 아니면 하품하며 겨우 이불 속에서 기어나오는가? 아침에 일어나기가 힘든 것은 육체적인 피로만이 아니라 정신적인 피로 때문이기도 하다. 삶을 사랑하고 오늘을 기대하는 사람은 즐거운 마음으로 일어난다. 당신의 삶이 이렇지 않다면, 강한 동기부여와 성공을 이루기 위해 다시 노력하겠다고 결심하자. 지금이 바로 동기부여를 하고 성공에 대한 열정에 불을 지필 때다.

 직장생활을 하다 보면 안이함에 빠져 소중한 시간이 흘러가고 있다는 사실을 의식하지 못할 때가 많다. 당신은 날마다 새로운 도전과 시도를 해볼 기회가 있는가? 뛰어난 인재가 되고 싶다면 익숙함과 편안함만을 선택해서는 안 된다. 뛰어난 인재는 열의가 가득하고 활기에 차서 스스로 동기부여를 한다. 현재 당신이 이런 사람이 아니라면, 이 책에 담긴 아이디어와 기법들을 이용하여 활력과 활기를 갖고 일하고, 팀원들과 교류하라. 지금 더 높은 목표를 세우고 더 빠르게 움직이고, 더 기여하라. 이것이 바로 더 많이 거둘 수 있는 방법이다.

통계에 따르면 직장인 5명 중 1명이 뛰어나게 일을 잘한다. 나머지는 업무수행 능력이 평균보다 약간 높거나 평균 또는 평균 이하수준이다. 즉, 성공하려면 상위 20%의 인재가 되어야 하고, 나아가 주변 사람들과 팀원들의 업무에 긍정적인 영향을 끼쳐야 한다. 그렇게 되면 가시적인 성과가 보이고, 회사도 승승장구하게 되며 능력도 인정받게 될 것이다.

성공에 대한 열정과 의욕이 넘치는 사람이라면 다양한 행동기법을 익혀야 한다. 그러한 행동기법은 의미 있는 변화를 가져오고 개인의 발전에도 영향을 미친다. 성공한 사람들은 목적의식이 분명하고 성공의 열쇠가 유연성이라는 점을 이미 알고 있다. 이제 인생에서 무엇을 얻고 싶은지, 꿈을 실현하기 위해 어떤 것을 준비해야 하는지에 집중해야 할 시간이다.

성공을 위해 진정으로 해야 하는 일은 무엇일까? 목표를 어떻게 설정하고 성과를 달성해야 하는지, 그리고 그 과정에서 끼어든 장애를 어떻게 극복할 것인가? 자신의 커리어를 어떻게 긍정적으로 이끌 수 있을 것인가? 성공적으로 협상을 이끌기 위해선 어떻게 해야 할까? 또한 일을 즐기면서 하고 원만한 직장생활과 건설적인 관계를 만들면서 노력에 대한 보상을 받으려면 어떻게 해야 할까? 무엇보다 타인에게 긍정적인 영향을 미치고 효과적으로 일하는 방법을 확실하게 알고 있어야 한다. 그러한 경지에 도달할 수 있다면 의도한 결과를 얻을 수 있다. 그 결과란

바로 당신이 원하는 삶을 살게 되는 것이다.

회사를 위해 무엇을 할 수 있는가?

동일한 근무시간 동안 더 많은 일을 하면서 똑같은 급여를 받거나 급여를 삭감당하는 사람들이 종종 있다. 심지어 보너스가 없는 경우도 있다. 보통사람들은 자신의 커리어를 장기적으로 설계하기 어렵다. 임원실에서 어떻게 결정되는지, 앞으로 자신의 운명이 어떻게 바뀌게 될지 예측하기란 거의 불가능하기 때문이다.

이 상황이 의미하는 것은 무엇일까? 당신의 가치와 역할이 인정받고 있는지 어떻게 확신할 수 있을까? 예산이 삭감되어 회사에서 업무교육을 지원받지 못하게 되었다면, 성과와 역량을 어떻게 향상시킬 수 있을까? 그런 경우 자신의 인생이 마음대로 되는 것이 아니라 회사의 결정에 달려 있다고 느끼게 된다. 그렇다면 최선을 다해 가치를 인정 받으려면 자신의 모든 능력을 어떻게 활용해야 할까?

가장 먼저 삶을 주도하고, 모든 것이 자신의 결정에 달려 있다는 사실을 받아들여야 한다. 이는 불가피한 방법이다. 우리는 주어진 환경을 선택할 권리가 없으며, 미래를 미리 알 수도 없다. 그러나 예기치 않은 일이 일어났을 때 대응하는 방법은 바꿀 수 있다. 특히 삶을 대하는 태도는 인생을 스스로 다스릴 수 있는지 여부를 좌우한다. 회사에서 인정받고 성공한 사람들을 보라. 그들이 특별히 능력이 뛰어난 것은 아니지만 그들은 자신에 대한 강한 믿음과 열정으로 가득 차 있으며, 자신의 운명을 바꿀 수 있는 기회를 좀 더 적극적으로 찾는다. 그런 사람들을 자세히 관찰해보라. 그들이 바로 당신의 롤모델이기 때문이다. 그들이 최고의 자리에 올라설 수 있었던 방법을 실천하면서 차츰 발전할 수 있다.

'회사가 나를 위해 무엇을 해줄 것인가'가 아니라 '내가 회사를 위해 무엇을 할 것인가'를 먼저 생각하기 시작했다면 두 가지 측면에서 이미 커다란 변화를 맞이한 것이다. 이를 통해 놀라운 결과를 끌어낼 수 있다. 회사에 자신이 얼마나 뛰어난 인재인지 보여준다면 회사는 여러 방면에서 당신에게 지원을 아끼지 않을 것이다.

보물과 같은 인재

좋은 인재 또는 뛰어난 인재를 넘어서 회사에서 소중히 여기는 최고의 자산, 즉 뛰어난 인재가 되려면 어떻게 해야 할까? 꼭 필요한 존재가 되고, 남들과는 다른 존재로 인식되고, 긍정적으로 평가받으려면 어떻게 해야 할까? 당신이 한 일이 단지 '잘한 일'이 아닌 '위대한 성과'가 될 때 커리어의 다음 단계를 주도할 수 있으며, 조직이 찾는 드문 인재, 즉 뛰어난 기여자가 될 수 있다.

자신의 커리어 계발을 회사에만 전적으로 맡기는 시대는 지났다. 오늘날 커리어는 자신과 회사가 공동으로 책임지는 부분이다. 능력은 물론, 인격적으로 성숙한 직원이 되는 것은 교육만으로 가능한 것이 아니다. 일단 상사에게 인정받도록 해보자. 그러면 협상력이 생기고, 당신의 향상된 역량에 어울리는 직무를 맡을 가능성이 커진다.

Insight in story

영국 재계 지도자 모임Institute of Directors의 대외 협력 이사인 알렉스 미첼은 스스로 성공을 주도할 수 있다고 굳게 믿고 있다. 그는 학교를 중퇴한 젊은이나 졸업생들이 직장을 찾고, 능력을 최대한 계발할 수 있도록 지원한다. 예를 들어 프로젝트 관리, 리더십, 예산 관리, 자기관리, 팀 업무와 같은 일을 배울 수 있도록 인턴과 자원봉사를 거친 후 취업하는 방법을 추천해준다. 그러한 업무들은 학교에서 배운 내용을 보완해줄 수 있기 때문에 면접과 취업에서 성공할 수 있는 가능성이 커진다. 봉사활동을 통해 업무를 접해보고 노하우를 배울 수 있을 뿐 아니라 지역사회에 기여할 수 있다.

알렉스는 색다르지만 의미 있는 경험을 쌓았다는 점을 상사에게 강조하라고 당부한다. 알렉스는 '영감을 주는' '도전하는 자세' '긍정적 사고' '현실적' '호기심'과 같은 자질이 중요하다고 말한다. 그는 커리어의 기회가 늘 옆에 있는 것은 아니지만 스스로 '기회를 만들 기회'는 항상 존재한다고 조언한다.

생각과 행동 변화를 위한 길잡이, NLP

신경언어프로그래밍(NLP, Neuro Linguistic Programming)은 1970년 중반 캘리포니아 대학 언어학 교수인 존 그린더John Grinder와 임상 심리학자이며, 정보통신 전문가인 리처드 밴들러Richard Bandier 박사에 의하여 개발된 상담심리 요법이다.

NLP는 사람들의 자신감, 의사소통, 공포증 등의 문제를 효과적으로 빠르게 치료하는 방법이다. 그들은 최면의학으로 유명한 심리치료사 밀튼 에릭슨Milton Erikson의 연구에서 큰 영향을 받았다. 밴들러와 그린더는 최면 언어 패턴을 통해 의식을 다루는 밀튼의 방법을 모형화해 NLP를 개인의 능력을 향상시키는 훈련 방법으로 발전시켰다.

이 책에서 중점을 두고자 하는 부분은 모든 NLP 기법을 최대한 활용하여 인생의 기술을 배우고, 원하는 삶을 만들어가도록 학습하는 것이다.

그러면 NLP의 가정에서부터 시작해보자. 이 가정은 NLP의 핵심적인 원칙이며, 그것을 토대로 NLP 도구 및 기법들이 개발되었다. 이 책에서 다음의 가정들을 성공을 위한 이정표로 사용할 것이다. 각 가정들을 살펴보면서 그것이 무엇을 의미하고 업무 기술에 어떻게 반영될 수 있는지 알아보자.

- NLP는 선택의 폭을 넓혀준다.
- 실패란 없다. 피드백이 있을 뿐이다.
- 사람들은 성공에 필요한 모든 수단을 이미 갖추고 있다.
- 하는 일이 잘되지 않는다면 다른 방법을 시도해본다.
- 몸과 마음은 연결되는 하나의 시스템이다.
- 지도는 영토가 아니다.
- 우리는 항상 의사소통하며, 의사소통의 의미는 답변을 듣는 것이다.
- 우리는 마음을 지배할 수 있으므로 결과를 지배할 수 있다. — 인과의 법칙
- 유연성이 가장 큰 사람이 전체를 지배하고 가장 큰 영향력을 발휘할 수 있다. 사람들은 비협조적인 것이 아니다. 단지 유연하게 의사소통하지 못하는 것이다.
- 모든 행동은 선의에서 나온다.
- 행동이 사람 자체를 나타내는 것이 아니다. 그 사람을 있는 그대로 받아들이고 행동을 변화시키면 된다.

NLP는 언어와 신경 경로를 행동 패턴과 연결해 뇌의 프로그램을 바

꾸고, 그 결과 목적을 달성할 수 있도록 뇌를 새롭게 프로그래밍하는 것이다. NLP는 어떻게 생각과 행동을 변화시키고, 어떻게 자신이 선택한 미래를 만들어갈지 그 방법을 알려준다. 또한 당신이 업무에 열정을 쏟고 자신의 삶을 지배하여 성공을 이루도록 도와준다. 그러면 선택은 자기 자신에게 달렸다는 것에 즐거움을 느낄 수 있다. 나는 NLP의 가정들을 각 장마다 설명하면서 성공을 위해 갖추어야 하는 조건들과 연결하여 설명해보겠다.

NLP의 의미

나태하고 안일함에 빠져 있는 사람들에게 NLP는 쓸모가 없다. 각 단계를 하나씩 밟으면서 검증된 기법을 사용해야만 행동이 바뀌게 되고, 행동이 달라지면 모든 것이 달라진다. 똑같은 방법을 반복하면서 변화를 기대하는 것은 어리석은 짓이다. NLP는 구체적인 삶의 방향을 제시하고 변화를 가져온다. 당신은 이미 무의식적으로 NLP를 어느 정도 활용하고 있을지도 모른다. 단지 그것이 NLP라는 것을 모를 뿐이다. 이 방법이 꽤 효과가 있다는 점을 아는 것이 중요하다.

의사전달을 분명하게 하는 건 직장에서만 필요한 덕목이 아니다. 원활한 인간관계에서도 자신의 생각이나 감정을 얼마나 명확하게 표현하는가에 달렸다. 의사소통에서 중요한 것은 내가 어떤 생각을 하는가가 아니라 상대방이 내 말을 어떻게 받아들이는가이다. 내가 보낸 이메일에 대해 상대가 보낸 기분 나쁜 답장을 받고   놀란 적이 있는가? 이것은 아마 메일을 보낼 때 당신이 의도한 내용을 제대로 전달하지 못했기 때문일 것이다. 우리가 사용하는 의사소통 수단에는 언어뿐 아니라 몸짓과 신호도 포함된다. 그러므로 직장에서 자신의 의사를 분명하게 전달하려면 잠재적인 어려움을 극복해야 한다.

변화를 추구하면
성공의 길이 보인다

나는 헤드헌팅과 임원 코칭을 하면서 어떻게 변화하고 더 나은 결과를 얻을 수 있는지 그 방법에 대한 질문을 종종 받는다. 그럴 때마다 가장 먼저 자기 자신에 대해 아는 것이 중요하다는 조언을 해준다. 자신을 완벽하게 이해한 후에야 어디에 변화가 필요한지 알 수 있기 때문이다. 자기 자신을 파악했다면 변화를 위한 행동이 뒷받침되어야 한다.

'가장 유연한 사람이 체계를 좌우한다.'

이 말은 변화할 준비가 되어 있는 사람이 인간관계를 좌지우지할 수 있다는 의미다. 여기서 변화란 스타일, 관점, 언어, 사고방식, 어조와 접근방식의 미묘한 변화를 뜻한다.

이 책에서는 변화를 추구함으로써 예전엔 불가능하게 보였던 문제를 해결하는 방법을 제시해줄 것이다. 이 책을 읽으면서 당신은 성공에 필요한 전략을 배우고, 성공의 길을 알려주는 이정표를 접하게 될 것이다.

행운은 용기 있는 사람의 편이다. 자신감 있게 마음을 열고 새로운 방법을 받아들일 준비가 되어 있어야 큰 성과를 얻을 수 있다.

지금 우리는 개인의 생존에 대해 논의하는 것이 아니라 일에 대한 만족감과 성취감에 대해 논의할 것이다.

목표, 인생항로 설정하기

당신이 성취하고자 하는 것은 무엇인가? 이제 적극적으로 자신의 목표를 정해보도록 하자. 변화의 과정을 겪으면서까지 이루고자 하는 것은 무엇인가? 변화를 통해 일에 대한 깨달음을 얻고자 하는가? 또는 이 책을 읽고 1년 안에 승진을 원하는가? 경력을 쌓아 프로젝트 매니저가 되고 싶은가? 아니면 그저 '없어도 되는 존재'에서 '있어야 하는 존재'가 되어 직장에 남기 위해서인가?

최고의 성과를 얻는 방법은 분명하고 뚜렷한 목표를 설정하는 것이다. 자동차나 기차를 타고 출발할 때는 대개 가고자 하는 도착 지점을 안다. 도착지에 닿기까지 길을 알려주는 자세한 지도는 없어도 여정이 끝났을 때 어디에 있고 싶은지는 아는 것이다. 커리어도 이와 마찬가지다. 자신이 원하는 것을 분명히 알고 있어야 큰 그림에서 벗어나지 않을 것이다.

일단 목표를 진지하게 세웠다면, 그 다음에는 목표에 이르는 길 중간에 이정표들을 세워야 한다. 목표 설정은 당신이 원하지 않는 것이나 부정적으로 생각하는 것이나 두려워하는 어떤 것을 피하기 위해서 하는 것이 아니다. 가고 싶은 곳을 모른다면, 당신이 그곳에 도착했다는 것을 어떻게 알겠는가? 어디로 가야 할지 모르고 그저 계속 가기만 한다면, 나이가 들고 나서야 당신은 자신이 원하는 일을 하지 않은 채 이미 시간만 흘렀음을 깨닫게 될 것이다.

당신의 직장생활을 살펴보고 좋은 인재에서 뛰어난 인재로 도약하기 위해, 업무 수행 능력이 탁월한 인재로 인정받기 위해, 그리고 그에 따르는 만족감을 얻기 위해 무엇을 할 수 있는지 생각해보라

다음과 같은 사항들을 고려해보면 도움이 될 수 있다.

- 교육과 자기계발
- 책임감 강화
- 상사와의 돈독한 관계
- 동료와의 끈끈한 관계
- 승진
- 내가 관리하는 팀
- 제품 포트폴리오의 수정
- 해외 경험
- 다른 지역에서의 근무
- 새로운 직업
- 자신감
- 의사결정권 강화

- 영향력 확대
- 다른 사람들을 설득시키기
- 급여 인상
- 인정받을 기회

이 책 전반에 걸쳐 좋은 인재에서 뛰어난 인재로 도약하는 데 도움이 되는 방법과 성장과 발전을 가로막는 것들도 살펴볼 것이다. 이와 동시에 생각과 행동을 방해하는 게 무엇인지 생각해볼 수 있다. 때로는 자신에게 어떤 능력이 있는지 확신이 들지 않을 때도 있을 것이다. 물론 과거의 경험을 떠올리면 자신감이 사라질 수도 있지만 중요한 것은 현재의 나는 과거와는 전혀 다른 사람이라는 점을 명심하라. 과거에 집착하게 되면 목표 달성도 힘들어지고 자신감만 없어질 뿐이다. 성장 배경이나 가정환경, 학력, 개인적 경험은 도움이 되기도 하지만 때로는 방해가 되기도 한다. 이제는 틀 안에 생각들은 벗어버리고 추진력을 발휘하여 목표를 달성해나가야 할 것이다.

강력한 목표를 세우는 방법

이제 원론적인 부분을 넘어 좀 더 구체적으로 살펴보자. 다음의 원칙을 바탕으로 중요한 목표를 세부적으로 표현해보자.

긍정적으로 표현하라

목표를 정한 다음 긍정적으로 써보도록 한다. 긍정은 목표를 현실화 시킬 수 있는 가장 확실한 방법이다. 예를 들어 '나는 새로운 도전과 기회를 통해 커리어를 만들어나갈 것이다.'라고 목표를 말해볼 수 있다. 이것은 '나는 내년엔 더 이상 같은 일을 하지 않을 것이고, 지금 이 상태로 있고 싶지 않다.'라는 부정적인 표현보다 훨씬 더 효과적이다.

구체적인 상황을 떠올려라

목표가 달성되는 것을 보고 듣는 모습을 상상하며 목표를 세운다. 목표를 이루기 위한 강한 동기부여가 될 것이다.

자기 주도적인 목표를 세워라

이것은 스스로 달성할 목표라는 점을 항상 염두에 두도록 하자. 예를 들어 '나는 회계사 시험 준비에 필요한 회사 지원금을 받을 것이다.' 라는 목표는 실현할 가능성이 높다. 반면에 '부장님이 회계사 시험 지원금을 승인해주실 것이다.'라는 목표는 노력에 좌우되는 것이 아니므로 실현 가능성이 그만큼 낮다.

목표 달성 후 변화를 고려하라

목표를 달성했을 때 일어날 변화를 생각해보고 그 변화가 당신이 바라던 것이었는지 확인한다. 목표를 달성했을 때 자신의 성격, 가족, 삶의 방식, 인간관계에 미칠 영향을 신중하게 생각해보라.

1개월 후	3개월 후	6개월	1년 후	2년 후

가치 있는 목표를 세워라

당신은 이 목표를 달성하기 위해 최선을 다해야 할 것이다. 따라서 이 목표가 진정으로 원하는 것인지, 이것을 통해 여러 면에서 삶이 개선될 수 있는지 확인한다. 그러면 목표 달성을 위한 원칙을 사용하여 위의 표를 작성해보자.

일을 통해 내가 성취하고 싶은 것

목표에 대해 생각해보면 목표 달성을 위해 여러 가지 변화가 필요하다는 것을 깨닫게 될 것이다. 그리고 이 책을 통해 유용한 방법들을 발견하게 될 것이다. 현재 할 수 있다고 생각하는 것 이상으로 자신이 더 많은 것을 성취하고 싶어한다는 것을 느낄 수도 있다. NLP 기법을 통해 확신과 자신감을 갖게 될 것이다. 이제 성공을 향한 목표를 달성했을 때 어떤 커리어를 쌓을 수 있을지 생각해볼 시간이다.

잠시 눈을 감고 목표를 달성한 순간을 상상하라. 지금과는 달라져 있을 사무실과 그때의 상황에 대해서도 생각해보자. 승진의 목표를 세웠다면 승진 후 멋진 사무실에 앉아 있을 자신의 모습을 떠올려본다. 책상 서랍과 새로운 직급이 새겨진 새 명함을 바라보자. 이것이 당신이 그리는 미래이고 당신이 만들어 갈 현실이다. 이제 성공의 느낌을 만끽했으면, 원하는 것을 반드시 이루겠다는 결심을 하면서 눈을 떠라.

큰 틀에서 생각한 목표를 잊지 않도록 목표를 써서 잘 보이는 곳에 붙여두자. 포스트잇에 목표를 적어 책에도 붙여두고, 서류 가방과 책상 서랍에도 넣어두면 그것이 눈에 띌 때마다 자신이 현재 어디를 향해 가고 있는지 떠올려 보게 될 것이다. 사람들은 책상 위에 가족사진을 올려두고 자신이 누구를 위해 일하는지 항상 생각한다. 갖고 싶은 자동차, 여행 가고 싶은 곳, 또는 앞으로 살게 될 집의 사진을 책상에 붙여놓는 것은 어떨까? 메모든 사진이든 항상 보이도록 하고, 목표를 달성하는 날까지 목표만을 생각하며 살아라. 자, 이제 시작해 보자. 놀라운 미래가 기다리고 있다.

SMART(구체적, 예측 가능한, 달성 가능한, 현실적인, 기한이 있는 목표 세우기)는 무엇을 원하는지에 대한 생각을 정리하는 데 도움을 주는 것으로 잘 알려진 목표 설정의 원칙이다. 성취하려는 목표는 다음의 요건을 만족해야 한다.

S Specific : 구체적인 목표

목표는 구체적인 내용이어야 하며, 다음 6가지 질문에 대한 답이 되어야 한다.

① 누구와 관련된 것인가?

② 성취하고자 하는 것은 무엇인가?

③ 어디서 성취할 수 있는가?

④ 언제까지 달성할 것인가?

⑤ 내가 무엇을 해야 하며 어떠한 제약이 있는가?

⑥ 목표를 달성했을 때 나의 모습은 어떠한가?

M Measurable : 측정 가능성

이정표를 따라 목표로 나아가야 자신이 올바른 길로 향하고 있는지, 목표 일정에 맞추고 있는지 알 수 있고 마지막까지 집중할 수 있다. '어디까지 달성했는가?', '달성했는지 어떻게 알 수 있는가?'의 질문에 답하도록 한다.

A Attainable : 달성 가능성

가장 중요한 목표를 파악하다 보면 목표를 이룰 방법이 서서히 보일 것이다.

목표를 달성하는 데 필요한 자세, 능력, 기술, 자신감이 어떠해야 하는지도 알 수 있을 것이다. 목표 이행을 위한 능력을 키워나가면 매일 시간이 갈수록 목표를 달성할 가능성이 커진다. 과거에 놓쳤던 기회를 떠올리며 이번에는 반드시 목표를 달성하겠다는 마음으로 전력을 다하면 모든 것을 해낼 수 있다.

R Realistic : 현실성

목표는 현실적이어야 한다. 의지와 능력에 맞는 목표를 세워라. 목표 달성을 위해 얼마나 몰입할 준비가 되어 있는지 본인만이 알 수 있다. 모든 목표는 실질적인 발전에 대한 것이기 때문에 목표 달성을 위한 의지가 있어야 한다. 할 수 있다고 믿는다면, 그 목표는 현실적인 것이다.

T Timely : 목표의 기한

목표 달성에 데드라인을 둔다. 기한을 두면 긴박함을 느끼게 되어 목표에 이르고자 더욱 분발하게 된다. 만약 목표가 '나는 부장으로 승진하고 더 높은 연봉을 받는 것이다.'라면 그 목표를 언제까지 달성할지 결정해야 한다. 예컨대 '나는 1년 안에 부장으로 승진하고 연봉이 10% 인상되며 남들보다 앞설 것이다.'라는 목표를 통해 노력하는 것이 더 효과적이다.

제2장

생각의 틀을 바꾸면
성공한다

"NLP는 더 많은 선택의 길을 열어준다."

인생의 선택이 늘어난다면 시야와 지평이 넓어질 것이다.
그렇게 되면 주어진 조건을 따르는 것이 아니라
원하는 일을 하게 될 것이다.
다양한 일과 선택이 당신을 기다리고 있다!

뛰어난 인재의 자질은 무엇인가

헤드헌터 업무 중에 업무기술서나 구직 안내문을 작성하는 일이 있다. 구직 안내문에는 '이상적인 후보'라는 항목이 있는데, 이는 고객과 우리가 찾는 이상적인 직원의 자질과 경력을 정의한다. 나는 성공을 위해 어떤 종류의 교육, 현장 경험, 업계 지식이 필수적인지를 담아 이 문서를 작성한다. 회사에서 찾는 직원의 자질이나 조건도 기술하게 된다. 이상적인 후보란 열정적이고, 효율적으로 팀의 협업에 참여하며, 의사소통을 잘하고, 긍정적이고, 결단력과 자신감이 있으며, 인간관계가 좋고, 호기심이 가득한 사람이다. 부정적이고 사람들과 잘 어울리지 못하며, 자신감이 없는 사람을 원하는 경우는 없다. 같이 일하기 어렵고 팀에 잘 동화되지 않는 사람을 고용하고 싶은 회사는 없기 때문이다.

신문에서 유명 홍보회사 이사의 인터뷰를 본 적이 있다. 그는 일을 귀찮게 생각하는 사람은 절대 고용하지 않는다고 자랑스럽게 이야기했다. 나는 웃음이 나왔다. 그런 후보를 좋아할 사람이 있기는 한가? 어떤 기업에서는 능력이 검증된 사람만 고용하겠다고 단호하게 말한 적이 있다. 그런데 사실 누구나 그런 인재를 찾고 싶은 것 아닌가? 기업이 성장하려면 재능 있고 조직의 가치를 창출할 수 있는 태도와 사고방식을 갖춘 사람을 영입해야 한다. 재무, 마케팅, 영업, 구매, 홍보, 인사, IT, 의료, 교육 등 어떤 분야에서든 그 분야에 맞는 기술을 전문적, 학문적으로 발전시켜야 한다. 그뿐 아니라 그렇게 습득한 기술에 개인적 역량을 더하여 성공 가능성을 높이고 조직 내에서 영향력을 강화해야 한다.

당신은 모든 조건을 갖추고 있는가?

당신은 뛰어난 인재가 되기 위한 모든 조건을 갖추었다고 생각하는가? 다시 말해 상사에게 신뢰를 얻고 성공가도에 오를 자질이 있는가? 상사가 조직에 필요한 직원을 생각할 때 가장 먼저 떠오르는 사람인가?

다음의 셀프 테스트는 자신이 회사에서 찾는 인재인지 생각해볼 수 있는 좋은 기회를 제공한다. 이를 통해 좋은 인재에서 뛰어난 인재로 가는 길에서 자신의 위치를 알아볼 수 있으며, 앞으로 더 많은 노력을 기울여야 할 자질이 무엇인지 파악할 수 있을 것이다. 테스트 결과에 따라 자신이 일하는 방법을 바꾸고 성과를 개선하는 능력을 키우도록 한다.

참고로 뛰어난 인재가 되기 위해 필요한 조건들은 각 장에서 설명할 것이며, 이 책을 읽으면서 필요한 기술을 향상시키고 커리어와 성공의 길을 스스로 이끌어나가는 방법을 배우게 될 것이다.

테스트 방법

다음의 단어들이 마음에 드는지 생각해보라. 그러고 나서 그 단어가 자신에게 해당하는 정도에 따라 A, B, C, D 점수를 준다. 적절한 칸에 표시하고, 다음 단어로 넘어가 똑같이 점수를 매긴다. 예를 들어 '파티' 라는 단어를 떠올릴 때 즉시 떠오르는 느낌이나 행동, 반응, 본능에 따라 점수를 매긴다.

이때 단어에 대해 너무 오래 생각하지 말고 즉각적인 느낌에 따라 답하도록 하자.

이 책에 직접 답을 적어도 되고, www.annewatson.co.uk에서 온라인으로 답을 작성해 즉시 개인 진단 보고서를 받아볼 수도 있다.

A 나의 행동과 성격을 정확히 표현하는 단어다.

B 나에게 상당히 어울리는 표현이다.

C 나에게 그리 어울리는 단어는 아니지만, 나에게 그런 면이 전혀 없는 것도 아니다.

D 나와 절대 어울리지 않는다.

	A	B	C	D
1. 승리				
2. 활력 있는				
3. 망설임				
4. 결과				
5. 일관적인				
6. 혼자				
7. 연락				
8. 참여				
9. 여행				
10. 뜻밖의 일				
11. 느긋한				
12. 선택				
13. 보상				
14. 강한 결심				
15. 단독				
16. 많은				
17. 뒷걸음치다				
18. 상상하다				
19. 적극적인				
20. 활동적인				
21. 기다리다				
22. 확신에 찬				
23. 다양성				

24. 팀				
25. 개인적인				
26. 토의				
27. 무관심				
28. 단점				
29. 조용한				
30. 계획				
31. 아마도				
32. 검증된				
33. 개별적				
34. 공간				
35. 심사숙고하다				
36. 탐구하다				
37. 잠재력 있는				
38. 일상의 반복				
39. 기한				
40. 한번 해보다				
41. 실험하다				
42. 협업하다				
43. 내향적인				
44. 수다스러운				
45. 발견하다				
46. 위험				
47. 활기찬				

48. 정리하다				
49. 걱정				
50. 즉흥적인				
51. 결합하다				
52. 사회성 있는				
53. 차분한				
54. 익숙한				

테스트를 마쳤으면 기록한 답변을 다음의 표로 옮긴다. 표에 있는 숫자는 테스트 문항의 번호다. 각 답변의 점수는 다음과 같다.

A=4점, B=3점, C=2점, D=1점

예를 들어 32번 문항에 대한 답이 D라면 32번 박스에 1을 적어 넣는다. 다음 표를 완성하면 가로로 점수를 더해 총점을 적는다. 1, 10, 18, 28, 37, 46번 문항의 점수를 모두 더해 합계를 기록하고, 나머지 줄에 대한 합도 구한다.

1	10	19	28	37	46	총점	긍정적인 태도
4	13	22	31	40	49	총점	자신감
2	11	20	29	38	47	총점	에너지
9	18	27	36	45	54	총점	호기심

8	17	26	35	44	53	총점	의사소통 능력
3	12	21	30	39	48	총점	의사결정능력
5	14	23	32	41	50	총점	유연성
6	15	24	33	42	51	총점	팀 플레이어
7	16	25	34	43	52	총점	인맥(인간관계)

앞의 표에서 보듯이 성공하는 인재의 자질 9가지는 다음과 같다.

① 긍정적인 태도 (4장)

② 자신감 (5장)

③ 에너지 (6장)

④ 호기심 (7장)

⑤ 의사소통 능력 (8장)

⑥ 의사결정능력 (9장)

⑦ 유연성 (10장)

⑧ 팀 플레이어 (11장)

⑨ 인맥 (12장)

긍정적인 태도

20~24점 당신은 타고난 낙관주의자로 어려움을 극복할 능력이 있다. 모든 일이 잘될 것이라는 긍정적인 믿음을 주위에 전파하므로 주변 사람들에게 좋은 영향을 끼칠 수 있다. 현실을 직시하고 합당한 사실에 근거한 낙관주의자가 되어라. 또 당신의 태도와 목표가 조화를 잘 이루는지 확인하는 것을 잊지 않도록 하라.

12~19점 더 이상 희망을 갖지 않으려는 태도는 성격 때문인가, 아니면 경험 때문인가? 실망스러운 일이 일어날까 뒤로 물러서 있다가는 그 일이 현실이 될 위험도 있다. 당신은 회의적인 자세를 취할 때가 많은가? 건전한 회의주의는 때때로 지나친 낙관주의자들에게 제동을 걸어 그들이 자신을 돌아볼 기회를 주기도 한다. 그러나 당신의 회의적 태도 때문에 한창 열의에 차 있는 팀원들에게 찬물을 끼얹었을 수도 있다.

1~11점 실패할 가능성으로부터 자신을 보호하려고 하는가? 아마 예전에 희망이 무너져버린 경험을 했을 수도 있다. 그래서 지나친 기대를

하거나 미래에 크게 관심을 갖지 않으려고 한다. 현실은 냉정하고 어떤 희망도 찾기 힘들 수 있다. 당신은 삶이 험난하다고 생각하며 앞으로 맞이하게 될 위기에 대해 마음의 준비를 하고 있다. 세상을 위험한 곳이라 생각하고 있다면, 아마 일에서도 즐거움과 기쁨을 만끽하지 못할 것이다. 무엇이 당신의 발목을 붙잡고 있는가?

자신감

20~24점 당신은 자신감을 갖고 있다. 그 자신감은 주변 사람들에게 좋은 영향을 미쳐 다른 사람들이 당신을 리더로 생각하고 존중하게 된다. 당신은 자신의 강점을 알고 있으며 자신의 의견이나 아이디어를 먼저 제시하여 남들보다 한 걸음 먼저 나갈 준비가 되어 있다. 강점이 무엇이고, 가능성이 무엇인지 알고 있으므로 위기를 극복할 준비가 남들보다 잘되어 있다. 잠재적 역량을 발휘하고 분명한 목표를 세우는 데 자신감을 활용하라. 그렇게 한다면 주목받는 인재가 될 것이다.

12~19점 당신은 어느 정도 자신감은 있으나, 때때로 자신의 능력을 과소평가하거나 의심하기도 한다. 따라서 당신이 무언가를 결심했으면 그만큼 해낼 수 있다는 확신이 있기 때문에 결심했다는 것을 동료들은 알고 있다. 그들은 지나친 자신감을 가진 사람보다는 당신에게 더 친밀감을 느낄 것이다. 당신은 의견이나 결정을 재고할 여지가 있기 때문이다. 자신이 옳다고 생각하지만, 때로는 다른 사람의 의견에 대해 다시 생각해볼 때도 있다.

1~11점 현재 자기 확신이 매우 부족하다. 이는 주변 상황 때문에 일시적으로 그런 현상이 생길 수도 있다. 확신이 없기 때문에 지금 하는 일에 대한 판단이 어렵고, 이미 내린 결정을 되돌아보며 후회하고 있다. 이는 건강과 행복에 심각한 영향을 끼칠 수도 있다. 이러한 불확실성 때문에 당신이 발전하지 못하는 것일지도 모른다.

에너지

20~24점 당신은 에너지가 충만한 사람이고 일에도 그러한 열정을 쏟아 붓는다. 당신은 아침 일찍부터 일을 시작하거나 밤늦게까지 사무실에 남아 있다. 항상 할 일이 넘쳐나고, 어떤 일이든 당장 시작할 준비가 되어 있다. 당신은 외향적이며 바쁘게 일하는 것을 즐긴다. 그 열정을 목표 달성에 활용한다면 모든 일에 성장과 발전을 할 수 있을 것이다.

12~19점 당신은 에너지가 가득할 때는 성공에 대해 어렵게 생각하지 않지만, 때로는 동기부여를 하지 못하거나 추진력을 갖지 못할 때가 있다. 열정을 잃지 않고 항상 활기 넘치는 에너지를 가질 수 있다면 그 결과는 좀 더 나을 것이다.

1~11점 기운이 없고 어떤 일을 하든 힘이 드는가? 지금 당장은 삶이 고달프고 목표를 성취하기 위한 결단력과 열정을 찾기 어렵다고 생각할 수도 있다. 다시 삶의 활력을 찾으려면 어떤 변화가 필요할지 고민해보자.

호기심

20~24점 당신은 새로운 것을 좋아한다. 다음에는 무엇이 기다리고 있을지 궁금해하며, 자신이 아직 모르고 있는게 무엇인지 의식한다. 새로운 사실과 정보를 접하는 것은 즐거우며, 새로운 가능성을 발견할 때 느끼는 흥분이 삶의 원동력이 된다. '새로운' '색다른' '미지의'와 같은 단어에 마음이 설레고, 목적지에 도착했을 때보다 그 여정에서 더 큰 기쁨을 느낀다.

12~19점 당신은 현재의 상태를 즐기고 있다. 다른 것에도 관심은 있지만 지금 알고 있는 것에 충분히 만족한다. 그러나 적절한 자극을 받으면 호기심이 또다시 생겨난다. 익숙한 것에 머물지 말고 주변을 둘러보며 부족한 점을 생각해보아야 할 것이다.

1~11점 당신에게 매력적인 삶이란 이미 익숙하여 안정감을 준다. 그러나 예측 가능한 길로만 가는 것이 오히려 독이 될 수도 있다. 현재에 안주할 경우 무엇이 부족한지 깨닫지 못하기 때문이다. 또한 다른 사람들에게 당신이 다른 일에 무관심하거나 소극적이라는 인상을 줄 수 있다.

의사소통 능력

20~24점 당신은 타인을 설득하는 방법을 알고 있다. 또한 다양한 방법을 통해 사람들과 어울리고 연락하는 것을 좋아한다. 이메일이나 전화, 모임을 최대한 활용할 줄도 안다. 일을 주도하는 스타일이기 때문에

사람들은 계획을 세우거나 실행할 때 당신에게 의존한다.

12~19점 당신은 말하고 글을 쓰고 남에게 자신의 의견을 전달하는 데 상당히 능숙하다. 중요한 일이 생길 때면 당신이 일을 책임지거나 연락을 담당하기도 한다. 그러나 때로는 이메일이나 전화로 연락할 기회를 놓칠 때도 있다. 당신은 의사소통의 방법을 잘 알고 있고 필요할 때 이를 사용한다. 조금 더 적극적으로 의사소통하려면 어떻게 해야 할까?

1~11점 당신은 타인에게 관심이 없고, 전화와 이메일을 하거나 다른 사람들에게 연락할 필요성을 느끼지 못한다. 그 결과 당신이 가치 있는 의견을 제시하더라도 다른 사람들의 관심을 끌지 못할 가능성이 있다. 적극적인 태도를 보이지 않기 때문에 당신의 의견이 무시될 수 있으며, 다른 사람들도 당신과 의견 나누는 것을 망설이게 된다. 다른 사람들과 적극적으로 의견을 나눔으로써 도움을 받을 수 있지 않을까?

의사결정능력

20~24점 자신이 무엇을 원하는지 분명히 알고 있으며, 결정하는 법을 알고 있다. 당신은 안정된 상태로 정해진 목표를 향해 나아갈 때 안심을 한다. 결정한 후에는 나머지 문제들을 생각하지 않고 오직 결정한 목표에 집중할 수 있기 때문에 마음이 편해진다.

12~19점 당신은 주변 상황을 분명히 이해하고 어떻게 처리해야 할

지 알고 있다. 그러나 때로는 결정을 내리기 전에 망설이며 고민한다. 이러한 과정은 더 나은 결정을 위해 필요할 수도 있지만 시간 낭비일 수도 있다. 당신은 어느 쪽에 해당하며 그러한 점이 업무에 어떤 영향을 미치는가?

1~11점　결정을 내리는 일이 꽤 어렵게 느껴진다. 목적이 명확하지 않아서 그런 것일까? 자신감이 부족하거나 당신이 원하는 것이 무엇인지 확신할 수 없는가? 이런 상태에서 당신은 결정을 주저하게 되고, 주변 사람들은 어떤 행동도 취하지 못한 채 기다리게 된다. 결단력 있는 의사결정자가 되고 싶은가? 아니면 아무것도 하지 않고 있다가 다른 사람들보다 뒤처질 것인가?

유연성

20~24점　당신은 새로운 도전을 즐기고, 다양한 경험을 해보길 원한다. 또한 새롭고 검증되지 않은 분야에 매력을 느낀다. 따라서 새로운 프로젝트를 긍정적으로 바라보고, 항상 새로운 도전을 맞이할 준비가 되어 있다.

12~19점　당신은 변화해야 할 이유가 생기면 당장 시도한다. 그러나 변화만을 위한 변화는 하지 않는다. 진정 변화가 필요한 근거가 있을 때에만 변화를 수용한다.

당신은 새로운 것만 추구하지는 않지만 늘 관심을 보인다. 누군가가 새로운 일을 맡으라고 했을 때 그 제안에 긍정적으로 생각할 가능성이 크다.

1~11점 당신은 익숙하고 편안한 삶에서 벗어나고 싶지 않다. 이미 해보았던 일을 선호하며 새로운 업무나 프로젝트를 맡게 될 땐 당황해한다. 한 번도 해보지 않은 일을 할 때는 긴장한다. 새로운 도전에 망설이며, 자신이 감당할 수 있다고 생각하는 곳에 머무르고 싶어할 것이다. 변화가 두려운 이유는 무엇인가?

팀 플레이어

20~24점 당신은 팀의 일원으로 활동하는 것을 좋아하고 과거에 축구, 농구, 야구 등 운동 경기에서 단체 활동도 해왔을 것이다. 당신은 팀워크의 장점을 잘 알며 다른 사람들과 적극적으로 일하고자 한다. 팀 내에서 오가는 의견과 논쟁을 오히려 즐길 때도 있다. 팀원들에게 에너지를 받을 때 최상의 성과를 거둘 수 있으므로, 혼자 일하게 되면 불안감을 느낀다.

12~19점 당신은 팀의 일원으로 일하는 것이 좋으며 그룹으로 일하겠느냐는 제안을 받았을 때 흔쾌히 응할 것이다. 그러나 당신은 혼자 일하는 것도 좋아하기 때문에 일주일에 1~2일 정도는 재택근무를 한다고 해도 그러한 변화를 즐길 것이다.

1~11점　당신은 자신이 혼자 고민하면서 업무를 스스로 처리할 능력이 있다고 생각한다. 당신은 개성이 강하며 모든 사람에게 세세하게 정보를 공개하는 것에 익숙하지 않다. 혼자 일하는 것을 즐기고, 독립된 공간에서 혼자 일할 때 일을 더 효과적으로 할 수 있다. 당신의 능력과 동료들의 능력을 함께 모아본 적이 있는가? 팀워크가 어떠한 결과를 가져올지 확인하기 바란다.

인맥(인간관계)

20~24점　당신은 사람들과 친분을 쌓는 일에 부담을 갖지 않는다. 당신은 대화를 나누고, 새로운 사람들을 만나고, 서로 연락하는 것을 좋아한다. 페이스북은 당신과 같은 사람들을 위해 만들어진 수단이다. 세상과 소통하는 것을 좋아하며, 다른 사람들에게 관심이 있고, 그들이 무엇을 하는지 궁금해하기 때문이다. 또한 당신은 인맥 넓히는 것을 즐긴다. 그러한 인맥이 당신과 주변 사람들에게 어떠한 장점이 될 수 있을까?

12~19점　당신은 사람들과 연락하고 친분을 쌓는 일이 어떤 의미인지 알고 있으며 특정 사람들과 연락을 유지하며 친하게 지낸다. 그러나 새로운 사람을 더 많이 사귀고 싶다고 생각하지는 않는다. 따라서 자연스러운 기회가 있으면 교류하지만 일부러 새로운 사람을 찾아 나서지 않는다. 즉, 당신은 인간관계를 중요하게 생각하지만 더 많은 사람을 알아야 할 필요성은 못 느낀다.

1~11점 당신은 많은 사람을 아는 것이 의미 있다고 생각하지 않기 때문에 몇 명의 친한 친구와 교류하는 편이다. 스스로 새로운 사람을 찾기보다는 남들에게 소개를 받는 편이며, 인맥 관리를 우선순위에 두지 않는다. 직장에서 동료들을 다 알지 못하기 때문에 아는 사람도 적을 수밖에 없다. 그렇게 소극적인 자세로 살면 무언가를 놓치고 있다는 생각이 들지는 않는가?

이 결과가 모든 사람에게 정확하게 들어맞는 것은 아니라는 점을 명심하라. 그러나 이 테스트를 통해 회사가 어떤 직원을 원하고 당신의 자질은 어떠하며 앞으로 어떤 자세를 취하는 것이 좋을지 생각해볼 수 있는 실마리를 얻을 수 있다. 성공한 직원은 자신의 잠재력이나 계획을 현실로 바꿀 줄 아는 사람이다. 앞에서 설명한 자질은 성공하는 데 필요한 조건의 일부일 뿐이라는 점을 기억하라. 일하는 데 필요한 자질은 이밖에도 수없이 많다.

좋은 인재에서
뛰어난 인재로 가는 길

직장에서 뛰어난 성과를 거두고 인정받으려면 앞에서 말한 여러 자질을 조화롭게 활용해야 한다. 그러한 자질들은 탄탄한 성공 대로를 걷도록 도와주며 좋은 인재에서 뛰어난 인재로 도약할 수 있게 해준다. 동일한 방법으로 일을 계속하면서 변화를 추구하는 것은 어리석다. 진정한 인재는 저절로 좋은 일이 생기고, 기다리다 보면 성공이 자연스럽게 이루어질 것이라고 기대하지 않는다. 이 책에서 계속 살펴보겠지만, 성공은 스스로 완성시켜 나가는 것이다. 삶에서 무엇을 원하는지 발견하는 과정에 바로 성공의 비밀이 있다. 원하는 것을 발견하고 목표를 세운 다음, 그것을 달성하는 일은 전적으로 당신의 몫이라는 것을 인정해야 한다.

테스트 결과를 보고 당신의 강점이 무엇인지 확인하라. 또한 노력해서 더욱 발전시켜야 하는 영역은 무엇인지도 생각해보자. 이제 이 책에서 소개하는 방법과 기법을 이용하여 집중해야 할 부분을 파악하게 될 것이다. 각 장에서 성공을 위한 자질과 조건을 하나씩 집중적으로 다룰 것이다. 각 장을 시작하기 전에 먼저 당신의 점수를 보고 그 부분을 어떻게 향상시키고 싶은지, 어느 부분에 더 노력을 기울일지 생각해보자.

좋은 인재를 넘어 뛰어난 인재가 되려면 꾸준한 노력이 필요하다. 그 과정에서 이 책은 효과적인 방법을 통해 뛰어난 인재로 도약할 수 있도록 도와준다. 변화는 당신의 손에 달렸다. 모든 자질을 효과적으로 활용하고 새로운 업무 방식과 행동을 수용했을 때 남들보다 앞설 수 있으며 바라는 성과를 얻을 수 있다.

다음 장에서는 뛰어난 인재로 인정받고 인생에서 성공하는 데 필요한 방법과 조언 등을 제시할 것이다. 다음 장으로 넘어가기 전에 먼저 다음 표에 현재 점수를 적어 넣자. 그리고 1에서 9번 중 미래의 위치는 어디인지 굵고 큰 글씨로 표시하라. 이미 9에 이르렀다고 생각하면 그 이상의 숫자를 적어도 좋다. 기대를 뛰어넘는 성과를 거두는 것도 그 자체로 탁월한 목표이기 때문이다.

	좋은 인재				→			뛰어난 인재	
	1	2	3	4	5	6	7	8	9
긍정적인 태도									
자신감									
에너지									
호기심									
의사소통 능력									
의사결정능력									

유연성									
팀 플레이어									
인맥(인간관계)									

이제 여기서 소개하는 방법들을 이용하여 좋은 인재에서 뛰어난 인재로 도약하는 첫걸음을 떼 보자.

제3장

성공은 끊임없는
배움의 과정이다

"실패란 없다. 피드백이 있을 뿐이다."

설령, 기대와 다른 결과가 나오더라도
모든 일에는 나름의 의미가 있음을 인정하고
피드백에 귀를 기울이자.

열린 마음으로
피드백 받아들이기

좋은 인재에서 뛰어난 인재로 도약하려면 어떤 피드백도 받아들이는 겸허한 자세가 필요하다. 다른 이들의 솔직한 견해와 의견, 그리고 나에 대한 비판도 수용해야 한다는 뜻이다. 최고의 팀원은 합리적으로 비판하며 건설적인 의견을 제시하는 사람이다. 당신은 미흡한 업무에 대해 주변의 찬사를 기대하지 않을 것이다. 마찬가지로 다른 사람에게 형식적인 칭찬은 하고 싶지 않을 것이다. 다른 이의 기분을 상하지 않게 적당히 맞춰주는 것보다 상처를 주더라도 발전시키는 사람이 되어야 한다. 연례 인사 평가는 1년간 어떤 성과를 거두었고, 어떤 부분이 바뀔 수 있는지 돌아보는 기회다. 서로에게 도움이 되는 피드백 문화를 만들기 위해 노력해야 한다. 그렇게 해야 모두의 성과가 점차 개선될 것이다.

'실패란 없다. 피드백만이 있을 뿐이다.' 이것은 NLP의 기본 전제 중

하나다. 모든 조직과 모든 직급에 적용되며, 사회생활을 하기 전부터 나이가 들어서까지도 꼭 알아야 할 사항이다.

이 전제는 인생이 끊임없는 배움의 과정이며, 어떤 상황에서도 배워야 할 점이 있다는 것을 의미한다. 우리는 역사로부터 배우고, 과거의 경험과 행동을 돌이켜보면서 배운다. 가장 많이, 가장 빠르게 학습하려면 다른 사람들, 특히 자신보다 경험이 풍부한 사람의 의견을 구하는 편이 좋다.

Insight in story

크리스란 직원은 사내에서 영업 지원을 담당하다가 승진 후 대외 업무가 필요한 사업 개발을 맡게 되었다. 그는 새로운 업무에 도전하는 것을 좋아했고 성과도 뛰어났다.

어느 날 새로운 영업이사로 임명된 닐이 크리스의 고객 미팅에 함께 참석하기로 했다. 크리스는 닐이 자신의 일에 간섭하는 것 같다는 생각에 처음에는 불만스럽게 여겼다. 하지만 그는 점차 닐의 방식에 만족하게 되었다. 고객 미팅이 끝날 때마다 닐은 크리스에게 어떤 부분이 좋았으며 어떤 부분에서 개선의 여지가 있는지 구체적인 피드백을 주었기 때문이다. 닐은 세세한 부분에 대해서도 망설임 없이 의견을 알려주었다. 그는 피드백을 주고 나서 자신은 고객 앞에서 어떠했는지 크리스의 의견도 물었다. 크리스가 다시 상사에게 피드백을 주도록 한 것이다. 크리스는 겸허한 태도와 자신을 바꾸고자 하는 의지가 있다면 피드백을 유연하게 받아들일 수 있다는 점을 알게 되었다. 좋은 인재에서 뛰어난 인재로 도약하려면 동료, 상사, 고객, 평소에 만나는 지인들에게 적극적으로 피드백을 요청해야 하는 것은 당연하다. 또한 조직에서 진정한 동료로 인정받으려면 동료들의 성장도 도와야 한다. 이를 위해서는 우선 솔직하면서 구체적인 피드백을 제공해야 한다. 그렇다면 어떻게 동료에게 상처 주지 않으면서 피드백을 해줄 수 있을까? 여기서 필요한 것이 바로 '피드백 샌드위치'이다.

피드백 샌드위치

직원의 행동이나 결과물에 문제가 있다는 것을 지적해야 할 상황에 처했다고 생각해보자. 당신은 동료의 작업 결과에 대해 불만을 말해야 한다. 우선 직접적으로 말하는 것이 효과적일 수 있다.

"보내주신 제안서에 오류와 부정확한 부분이 많습니다. 이 제안서를 이대로 보낼 수는 없으니 다시 작성해주세요."

자신감이 넘치는 사람이라면 이러한 지적도 담담하게 받아들일 것이다. 그러나 대개는 기가 죽거나 상처 받게 된다. 아니면 화가 나거나 불쾌감도 느낄 수 있다. 업무에 대한 객관적인 평가라 해도 개인의 입장에서는 모욕으로 생각할 수도 있기 때문이다.

중부 지방의 한 제조업체에서 부장으로 일하는 존은 시장 상황이 변하면서 영업팀과 긴밀하게 일해야 했다. 하지만 그는 회사 매출이 떨어진 원인을 영업팀 탓이라 생각하다 보니 그들과 함께 일하는 것을 마땅치 않게 생각했다. 존은 영업팀을 다른 건물로 옮기도록 해서 무슨 수를 써서라도 그들과 접촉하지 않으려고 애썼다.

상사와 동료들은 존에게 그의 행동이 회사에 전혀 도움이 안 된다는 얘기를 끊임없이 했다. 상사와의 회의나 동료들과의 대화 중에도 그런 피드백은 제기되었다. 그러나 존은 자신의 행동이 타당하다고 여겼으며, 영업팀과 함께 일하는 것은 시간 낭비일 뿐이라 는 생각을 버리지 않았다. 그는 직원들의 부정적인 피드백도 인정하지 않았고, 결국 6개월 만에 해고되었다.

상대방의 기분을 고려하면서 효과적으로 의견을 전달하는 피드백 모형을 어떻게 만들 수 있을까? 가장 좋은 방법은 '피드백 샌드위치'다. 피드백 샌드위치의 핵심은 다음과 같다.

A. 업무 결과, 행동, 성과에 대해 긍정적인 점을 칭찬하며 우호적인 분위기를 조성한다.

B. 잘못된 부분을 지적한다.

C. 문제점을 해결할 수 있도록 독려한다. 이 원리를 실제 사례에 적용해보자.

A. 팀 단합대회 준비에 대한 사전 미팅 업무를 진행해주셔서 감사합니다. 팀을 지원해주신 덕분에 우리가 목표를 달성할 수 있을 것 같습니다. 다른 분들도 과장님을 꼭 필요한 팀원으로 생각하고 있습니다.

B. 지난번 온라인으로 작성해주신 설문서 3개 중 2개가 정확하게 작성되지 않아 점수를 취합하지 못했습니다. 그래서 아직 내일 있을 회의에 사용할 자료를 모두 취합하지 못했습니다.

C. 우리 팀 프로그램에 착오가 없도록 지금 설문서를 다시 봐주시겠습니까?

부정적인 피드백 받아들이기

칭찬을 듣는 것은 쉽지만 부정적인 피드백을 감당하기란 쉽지 않다. 어렸을 때 부모님께 시험 성적표를 드리면 좋은 점수보다는 나쁜 점수만 보고 야단치셨던 기억이 날 것이다. 그때와 마찬가지로 삶에서도 잘한 부분보다는 잘못한 부분이 돋보인다. 이제는 부정적인 피드백 덕분에 일을 더 잘하게 될 기회를 갖게 될 것이다.

부정적인 피드백을 들었을 때 자신을 합리화 시키지 않으려면 비판을 긍정적으로 받아들여야 한다. "그러면 어떻게 바꾸면 좋을까요?", "어떻게 처리하는 것이 좋을 것 같나요?", "다음에는 어떤 식으로 바꿔야 더 잘할 수 있을까요?"라고 말해보자.

또한 부정적인 피드백을 들었을 때는 감사의 말을 하는 것이 매우 중요하다. 감사하다는 말을 하면 상대의 마음도 편안해져 더 솔직한 의견

을 끌어낼 수 있다. 만약 상대의 의견에 동의하지 않는다면 감사를 표현
하면서 다음과 같이 말해보자.

"의견 감사합니다. 그런데 이 문제를 조금 다른 시각으로 바라봐도
좋을 것 같습니다."

간접적인 피드백

피드백은 꼭 말로 하거나 글로 전달한다고 해서 효과적인 것이 아니
다. 분명하게 즉시 드러나는 피드백이 아니라 관심을 갖고 유심히 살펴
야 알 수 있는 간접적인 피드백도 있다.

간접적인 피드백을 알아차리려면 주변의 미묘한 반응에 집중해야 한
다. 민감하게 반응을 살펴야 동료들의 암묵적인 메시지를 감지할 수 있
다. 예를 들어 동료들이 자기들끼리만 커피를 마시러 나가거나 아니면
이메일이 서로 오가는데 자신만 수신자에 포함되어 있지 않을 때도 있
을 것이다. 이는 당신이 이메일 업무에서 소외되었다는 신호일 수 있는
데, 그것을 놓치고 있는 셈이다. 주변에서 일어나는 일들을 주의 깊게
살펴보자. 동료들과 이메일을 얼마나 자주 주고받는지 확인해보고, 그
들의 어투는 어떤지 다시 읽어보라. 그들의 이메일 내용은 간단하고 사
무적인가? 그들이 당신을 동료로서 생각하는가?

주변 상황 자체가 동료들의 의견을 반영하는 피드백이다. 사람들이
"그럼 잘해봅시다."라거나 "아무 문제 없을 겁니다."라는 긍정적인 말을
할지라도 그들의 몸짓 언어는 그 말과 어긋날 때가 있을 것이다. 말과

태도가 일치하지 않는 순간을 포착해보라. 당신에게 문제가 있음을 의미하는 신호가 될 수 있다.

　다른 사람들의 의견을 받아들이는 자세를 가지는 순간 의미 있는 변화를 맞이하게 된다. 다른 사람들이 나와 의견이 다를 수 있다는 점을 인정하면 열린 마음으로 피드백도 수용하게 된다.

다양한 정보 수용 방식

업무를 하다 보면 상대가 제대로 설명하지 못해 답답함을 느낀 적이 있을 것이다. 상대가 현재 상황, 정보, 데이터, 엑셀 자료 등을 명쾌하게 전달해주기를 바랄 것이다. 또한 당신은 본론으로 들어가기 위해 전반적인 계획을 먼저 알고 싶은데 상대는 그런 의도를 꿰뚫어보지 못하고 추상적인 개념만을 이야기해서 힘들었던 적도 있을 것이다.

기업에서는 사람들이 전략적으로 업무를 처리하고 새로운 업무 방법을 구상할 수 있는 체재를 마련해준다. 상사가 당신에게 회의나 컨퍼런스를 계획하거나 프로젝트를 진행하라고 지시하면서 정보를 충분히 주지 않아 힘들었던 경험이 있는가? 정보 없이 무조건 진행한다면 일이 잘못될 위험이 크다. 아니면 상사가 귀찮아 할 정도로 세부적인 사항까지 다 확인받은 다음 일을 진행하는 방법도 있다. 이제 구체적인 표현을 사용하여 부족한 정보를 얻는 방법을 소개하겠다.

사람들은 정보를 다양한 방식으로 받아들인다는 사실을 인정하는 것이 출발점이다. 사람들의 사고방식은 서로 다르므로 NLP는 '표상체계Representational Systems'라는 개념을 통해 사고방식을 정의했다. 표상체계가 존재한다는 사실을 인식하게 되면 항상 그것을 염두에 두고 사람들이 어떻게 생각하는지 단서를 찾을 수 있다. 표상체계를 구성하는 주요 요소는 다음과 같다.

① 시각체계Visual
② 청각체계Auditory
③ 신체 감각체계Kinaesthetic(느낌)
④ 내부 언어Auditory Visual

시각체계

시감각이 발달한 사람은 사물을 봄으로써 이해한다. 그들은 이미지, 사진, 도표, 구조도를 보는 것을 좋아하며 색이나 차트 등을 즐겨 활용한다. 시감각을 중요하게 여기는 사람들의 언어 패턴을 살펴보면 다음과 같은 표현을 자주 볼 수 있다.

- 어떤 상태인지 그림이 그려지다
- 좋아 보인다
- ~인 것으로 보인다
- 선을 긋다

- 머릿속으로 그려보면
- 그림을 그리자면
- 정신적인 눈
- 시야를 넓히다
- 명백히 보이다
- 꿰뚫어보다
- 사실이 드러나다
- 자료를 보여주다
- 초점을 맞추다
- 이미지를 옮기다
- 분명한 이미지를 떠올리다

청각체계

청각체계를 선호하는 사람들은 들음으로써 이해한다. 그들에게 소리
는 세상과 소통하는 가장 중요한 수단이기 때문에 말로 듣기 원하며, 음
악을 통해 많은 것을 느끼고, 말로써 의사소통하는 것을 좋아한다. 그
들에게 침묵은 세상과의 단절을 의미한다.

함께 대화하는 상대방의 언어 패턴을 주의 깊게 들어보자. 다음과 같
은 표현을 즐겨 쓴다면 청감각을 중요하게 여기는 사람이라고 생각해도
좋다.

- 경종이 울리다

- 맞게 들리다
- 잘 들었습니다
- 울림을 주다
- 음악처럼 들리다
- 귀 기울이다
- 구체적으로 말하다
- 이야기를 나누다
- 들려주다
- 소식을 알려주다
- 들어본 적 없는
- 목소리를 높이다

신체 감각체계(느낌)

신체 감각을 중시하는 사람들은 촉감과 신체적 접촉을 좋아하며 확인해보기를 원한다. 그들은 직접 맛보고 냄새 맡으려고 하며, 직접 눈으로 보고 싶어한다. 어떤 강사는 강의 전에 항상 문구점에 들러 특이한 펜, 연필, 지우개를 비롯해 촉감이 특이한 물건들을 산다. 그리고 그것을 학생들의 책상에 올려놓아 어떤 학생이 어떤 물건을 사용하는지 보면서 각자의 성향을 파악한다고 한다.

신체 감각이 뛰어난 사람은 다음과 같은 언어 패턴을 통해 찾을 수 있다. 다음 표현을 주로 사용하는지 유심히 들어보자.

- 사실을 파악하다
- 계속 접촉하다
- 상황에 대한 감을 잡다
- 카드를 내보이다
- 정신을 다른 데 두다
- 다음 단계를 밟다
- 멍한 상태가 되다
- 따라잡다
- 탄탄한 토대를 쌓다
- 문을 두드리다
- 잘못된 길로 들어서다

내부 언어

내부 언어 중심적인 사람들은 정해진 단계나 절차에 따라 주변을 이해하려고 한다. 그들은 머릿속에서 자신과 토론을 거치고 대화하기를 원한다. 그들은 상황을 논리적으로 이해하고, 여러 요소를 이용해 만든 자신만의 체계로 세상을 이해한다. 그들이 선호하는 단어의 예는 다음과 같다.

- 이해하다
- 구분하다
- 경험하다

- 분명함
- 구조
- 사고
- 학습

자신이 선호하는
사고방식을 파악하라

자가진단

타인의 사고방식을 파악하기 전에 자기 자신에 대해 아는 것이 우선이다. 업무에서 사람을 대하는 기술을 향상시키기 위한 가장 좋은 방법은 자신이 선호하는 사고방식을 파악하는 것이다. 자가진단을 위해 만들어진 간단한 테스트가 있다. 다음의 표현을 읽고 '이것이 내게 해당하는 말인가?'를 생각해본 후 '그렇다' 또는 '아니다'로 답하라.

문 항	그렇다 / 아니다
① 감각과 본능에 의존해 결정을 내린다.	
② 내 감정을 다른 사람들과 공유하고 싶다.	
③ 사물을 만지는 것을 좋아하며 질감에 민감하다.	
④ 팀원들의 감정을 제대로 읽기 위해 노력한다.	

⑤ 내 시각을 토대로 주변 상황을 파악하기 원한다.	
⑥ 패션과 외모를 통해 드러내고 싶어한다.	
⑦ 타인의 시각에서 종종 현상을 바라본다.	
⑧ 주변 환경의 모습과 색상에 민감하다.	
⑨ 내 주위의 소리에 귀를 기울인다.	
⑩ 논의할 때 상대방의 목소리 톤에 영향을 받는다.	
⑪ 무엇이 가장 좋게 들리는지 생각하면서 결정을 내린다.	
⑫ 사람들은 내 목소리 톤을 듣고 내가 무슨 생각을 하는지 알아맞힌다.	
⑬ 단어를 신중히 선택하며 의사소통한다.	
⑭ 사실과 자료를 통해 이해하는 것을 좋아한다.	
⑮ 이슈를 둘러싼 사실을 분석하는 데 집중하면서 결정을 내린다.	
⑯ 논쟁에서 상대방의 탄탄한 논리에 영향을 받는다.	

문항 ①~④번은 신체 감각을 선호하는 사람들에 대한 표현이다. ①~④번에 '그렇다'라고 대답했다면 당신은 직관적이며, 직감에 귀를 기울이는 사람이다. 주변 사람들은 당신의 이러한 성향 때문에 당신의 생각과 결정에 근거가 되는 논리가 무엇일지 궁금해할 수 있다.

문항 ⑤~⑧번은 시각이 민감한 사람들의 특징이다. ⑤~⑧번에 해당하는 사람은 이미지를 통해 세상을 바라보고, 말로만 오가는 긴 토론에는 집중하지 못한다. 파워포인트에 항상 그림, 여러 색상, 로고, 그래픽을 넣는다. 시감각을 선호하는 사람의 삶에는 단어와 숫자를 넘어선 무언가가 있다.

문항 ⑨~⑫번은 소리에 민감한 사람의 특징이다. 여기에 '그렇다'라고 답했다면 당신은 주변의 소리에 민감하며, 들으면서 배우는 유형이다. 당신은 사람들과 만나서 대화하거나 전화하는 것을 즐기며 음악을 듣는 시간이 많고 다른 사람들의 목소리 톤에 영향을 받는다.

문항 ⑬~⑯번은 내부 언어를 사용하는 사람들의 특징이다. 내부 언어를 선호하는 사람은 주변에서 일어나는 일을 논리적으로 파악하려고 한다. 객관적인 입장에서 결정을 내리며, 다른 표상체계에도 의존하는 편이다. 올바른 답에 이르기 위해 감정, 사고, 청각, 시각을 모두 사용할 것이다.

어떤 문항에 '그렇다'라는 답을 했는지 세어보고, 자신의 성향이 어디에 해당하는지 파악하라.

상대방의 진단

자신이 세상을 바라보는 성향을 파악했다면, 이제 다른 사람들도 파악해보자. 사람들이 어떻게 언어를 사용하는지 관찰하라. 상대가 어떤 방식으로 세상과 소통하는지 알면 그들과 같은 언어를 사용하여 좀 더 쉽게 의사소통할 수 있다. 신체 감각을 중시하는 사람과 이야기할 때 당신도 신체 감각 중심적으로 행동하는 것이다.

사람들이 어떤 방식으로 생각하는지 이해함으로써 당신도 유연하게 대응할 수 있다. 또한 다양한 상황에 적응할 수 있게 되면 의사소통 능력도 향상될 것이다. 다른 사람의 사고방식을 파악하는 것은 다른 사람의 입장에 서는 첫 걸음이다. 이러한 자세를 라포(Rapport : '관계'를 의미하는 불어로 상호 신뢰 하에서 형성되는 편안한 관계를 나타냄—옮긴이) 기법에 반영해보자. 서로 신뢰를 쌓아가고 더 많은 것을 성취할 수 있을 것이다. 상대방이 선호하는 표상체계를 분명히 파악하기 어렵다면 모든 표상체계를 언어 패턴으로 사용하라. 다음과 같이 말하는 것도 좋다.

"무슨 말씀인지 선명하게 그림이 그려집니다. 제시한 통계와 데이터에서 미묘한 차이를 파악할 수 있습니다. 이 모든 것을 통해 우리가 제대로 가고 있다는 느낌이 듭니다."

그리고 나서 이제부터 상대방을 주의 깊게 관찰해보도록 하라. 상황 파악이 빠른 편이라면 다른 사람과 주변 환경에 대해 세밀한 부분까지 파악해보는 것이다. 예를 들어 최근에 참석했던 회의를 떠올려보고 누가 참석했으며 참석자들의 외모는 어땠는지 생각해본다. 회의에 참석하지 않았던 사람에게 그 장면과 상황을 설명한다고 상상해보라. 얼마나 자세한 부분까지 기억하는가? 이제 참석자들의 말 중에서 긍정적인 표현을 떠올려본다. 또 회의실은 어떤 모습이었는지, 벽의 그림과 의자 색상 등을 기억해본다.

언어 패턴을 구분할 준비를 하라. 이제 당신은 사람들이 각기 선호하는 사고방식(NLP 용어로는 '감각 양식Modalities')을 정확하게 추정할 수 있다. 집중해서 듣고, 열심히 보면서 예전에는 알아채지 못했을 사소한 부분들까지 포착하라. 듣고 본 것을 되새겨보고, 그것이 어떤 의미이며 또 그것을 받아들이려면 어떤 행동을 해야 하는지 생각해보자. 상대방이 시각적 성향을 보인다면 그 사람처럼 사고하도록 하라. 그 사람과 같은 언어 패턴을 사용하면 당신은 관계를 주도할 수 있다. 가장 유연한 사람이 전체를 지배한다는 전제를 떠올려보라. 상대방과의 차이를 예리하게 파악하고 이에 능숙하게 대처할 수 있어야 한다.

Insight in story

영국계 엔지니어링 기업의 인사부장인 피오나는 사장이 정리해고에 대해 잘못된 판단을 하고 있다고 생각했다. 그녀는 비용을 절감해야 하고, 직원들 일부는 희생될 수 있다는 것을 받아들이기는 하지만, 사장이 결정한 해고자 명단에는 동의할 수 없었다. 그녀는 영업부장인 톰을 해고하고 영업팀의 나머지 인력에만 의존하면 회사에 타격이 있을 것으로 생각했다. 피오나는 신체감각 중심적이어서 사장에게 다음과 같이 의견을 전달했다.

"지금 잘못된 결정을 하고 있는 것 같습니다. 저는 톰과 오랫동안 함께 일해왔는데 그는 업무에 필요한 탄탄한 지식과 능력을 갖추고 있습니다. 또한 팀원들이 리더를 잃으면 의지할 곳이 없어 불안함을 느낄까 봐 걱정입니다. 그들은 톰을 따르고, 톰은 직원들의 요구를 잘 반영하여 팀을 운영하고 있습니다. 이번 결정을 재고해야 할 것 같습니다. 현재 톰은 영업팀과 팀워크도 좋고 시장에 대한 예리한 감각도 있기 때문에 그를 해고하지 말고 다른 방법을 찾았으면 합니다."

선호 표상체계가 내부 언어인 사장 제프는 피오나의 주장에 공감하지 않았다. 제프는 피오나의 주장이 논리적이지 않으며, 그녀가 회사의 목표 달성을 위해 필요한 점들을 놓치고 있다고 생각했다. 제프는 이렇게 답변했다.

"나는 모든 사실을 확인했고 지난 1년간 매출 자료도 분석했습니다. 탐이 어려운 시장 상황에서도 열심히 일해주기는 했지만, 그는 우리가 목표로 하는 매출과 이익률을 달성하지 못했습니다. 따라서 그의 급여는 우리에게 부담만 될 뿐입니다."

피오나와 제프는 서로 공감하지 못했다. 피오나가 제프에게 다가서려면 제프가 받아들일 수 있는 내부 언어로 주장을 펼쳐야 했다. 그녀가 다음과 같이 말했으면 어땠을까?

"제가 지난 1년간의 자료를 확인해본 결과, 탐은 열정적으로 일했고, 그가 낸 성과가 큰 영향을 미쳤다는 것을 알 수 있었습니다.

또한 잠재 고객에 대한 영업 상황을 보니 탐이 해고되면 5개의 큰 계약이 성사되지 않을 수 있다는 점을 알게 되었습니다. 탐을 해고하지 않으신다면 단기적으로는 이익이 증가할 것이며, 장기적으로는 신규 계약이 늘어나고 영업 부서가 안정될 것입니다." 이렇게 정확한 자료와 사실에 근거한 이성적이고 논리적인 답변이 제프에게는 더 효과적일 것이다.

이제 다음 장부터 이상적인 직원의 자질을 하나씩 살펴보고, NLP를 이용하여 그 자질들을 설명해보겠다. 각 장을 순서대로 살펴보면서 자신의 자질을 발전시켜봐도 좋다. 또는 자신의 가장 뛰어난 자질부터 살펴보면서 왜 그 부분에서 두각을 나타내는지 파악해보는 것도 효과적이다. 물론 가장 취약하다고 느끼는 부분부터 읽으면서 어떻게 변화를 계획할지 생각해보는 방법도 좋다. 성공으로 가는 길은 하나가 아니다. 자신에게 가장 잘 맞는 길을 선택해서 가도록 하라.

제4장

자기 신뢰가 만드는
긍정적인 사고

"사람들은 성공하기 위한 모든 능력을 이미 가지고 있다."

긍정적인 사고는 가장 강력한 NLP 원칙 중 하나다.

믿음만 있다면 하고 싶은 일이 무엇이든 모두 할 수 있다.

간절하게 원한다면 길을 찾을 수 있다.

당신은 이미 원하는 성과를 거두는 데 필요한 모든 능력을 가지고 있다.

이제 알아야 할 일은 능력을 사용하는 방법이다.

장벽을 무너뜨린
긍정적인 태도

무조건적인 자기 신뢰

당신은 모든 것에 대한 해답을 제시해줄만한 적극적인 사람들에게 둘러싸여 일하고 싶은가? 어떤 상황이든 긍정적인 사람들은 문제점이 아니라 해결책을 제시하므로 어떤 기업에서든 환영받는다. 물론 그 낙관주의는 억지스러운 것이 아니라 현실에 근거한 낙관이어야 한다. 즉, 긍정적인 자세를 일관성 있는 성과로 연결해야 한다. 이렇게 현실에 근거한 긍정적인 마인드를 가진 직원으로 인정받으려면 일상 업무에 새로운 자기 믿음과 확실성을 주입해야 한다.

> "나는 사람의 태도를 먼저 본다. 구체적으로 말하자면 먼저 앞장서서 책임질 준비가 된 사람을 찾는다. 나는 분명하게 평가받고 싶어하며 성공을 추구하는 사람을 좋아한다. 내가 찾는 사람은 낙관적이며, '내 사전에 실패는 없다'는 태도로 자신이 하겠다고 한 일은 끝까지 해내는 믿음을 주는 사람이다."
> 존 다갠(글로벌 비즈니스 리더)

영업부장직을 채용하기 위해 한 지원자를 인터뷰한 적이 있다. 나는 인터뷰를 하기도 전에 그에 대한 평가가 회의적이었다. 약속을 두 번이나 취소했기 때문에 그가 진정 그 자리에 관심이 있는지도 확신할 수 없었다. 일정을 세 번이나 다시 잡아 인터뷰를 간신히 하게 되었으니 시작부터 좋지 않았다.

그러나 실제로 만났을 때 그는 즉시 상황을 자신에게 유리하게 만들었다. 그는 자기소개와 지원하는 회사에 대한 내용을 담은 인상 깊은 파워포인트 프레젠테이션을 준비했다. 그는 자신의 능력을 모두 발휘해 가시적인 성과를 거두었으며, 자신이 해당 직무에 가장 적합하다는 강한 확신을 보여주었다. 이러한 능력과 확신 덕분에 그는 흔들리지 않고 일을 추진할 수 있었다. 결국 그는 영업부장으로 일하게 되었고, 그의 긍정적인 에너지는 회사의 신규사업에 크게 기여했다.

NLP를 이용하여 긍정적인 시각을 키워라. 당신은 정해진 운명에 따르거나 그것을 극복하며 힘겹게 사는 대신 자신이 원하는 삶을 선택할 수 있다.

좋은 인생

어떤 사람들은 주변에 에너지를 발산하며 활기찬 기운을 전파한다. 생기가 넘치고, 열정적이며, 같이 있으면 즐겁다. 그들은 주변의 모든 사람에게 활력을 주기 때문에 전체의 에너지가 몇 배로 확산된다. 코스타리카 사람들의 인사말은 "께딸Que tal?"이다. '어떻게 지내세요?'라는 의미다. 여기에 대해 짝꿍처럼 답하는 말이 "뿌라 비다Pura vida"이다. 바로 '좋은 인생입니다'라는 의미다. '뿌라 비다'라는 믿음을 가진 사람이 바로 자신이 원하는 목표를 이루게 될 것이다.

반면 다른 사람의 에너지를 빼앗거나 방해하는 사람도 있다는 데 주의해야 한다. 부정적인 면만 바라보고 다른 사람의 기를 죽이는 말만 해서 함께하고 싶지 않은 사람들이다. 이러한 부정적인 에너지로부터 자신을 보호하려면 어떻게 해야 할까?

> "항상 긍정적인 자세를 유지하라. 부정적인 말을 할 때도 긍정적으로! 한 번의 '할 수 없다'는 열 번의 '할 수 있다'를 무너뜨린다. 이처럼 부정적인 태도는 다른 사람들의 기운과 열정을 빼앗고 그들이 당신과 함께 일하고 싶어하지 않게 만든다."
>
> 가레스 제임스(피플플러스)

긍정적인 마음으로 시작하기

어떤 일을 시작할 때마다 성공에 대한 희망을 안고 시작하라. 긍정적인 생각이 긍정적인 인생을 만든다는 점을 명심하고, 시작하는 자세를 바꿈으로써 밝은 미래를 열어가도록 하자.

긍정적인 에너지를 전파하기 위해 앞으로 무엇을 해야 할지 고민하라. 인사하는 방법부터 떠올려보자. 무의식적으로 형식적인 인사말을 하고 있지 않은가? 이제 그런 인사말은 머릿속에서 지워버려라. 다른 사람들에게 항상 긍정적이고 밝고 열정적인 모습을 보이겠다고 결심하라. 물론 이러한 변화는 단지 가식적이어서는 안 된다. 무의식적으로 자신에게 '나는 기분이 정말 좋고, 열심히 일할 준비가 되어 있어.'라고 되풀이하여 말한다면 이 기분이 현실이 될 것이다. 또한 말하는 방법만 바꾸고 마음가짐을 바꾸지 않는 실수를 저지르기 쉽다는 점을 명심하라. 가장 유연한 사람이 성공한다는 점을 항상 기억하고, 새로운 변화를 위해 끊임없이 자신에게 도전하라.

긍정적인 자세와 기대감은 프로젝트, 계획, 직무 교육, 세미나 등 업무 전반에 적용된다. 앞으로 컨퍼런스, 직무 교육, 세미나에 참여하게 된다면 '이런 좋은 기회를 통해 무언가를 배워가야지.'라는 출발점을 만들어라. 새로운 동료나 고객을 만난다면 그전에 '이분들은 우리 사업에 귀중한 자산이 되어줄 것이고 좋은 제안도 해줄 것이다.'라고 생각해둔다. 시험 볼 때는 '합격할 것이며 잘될 거야.'라고 생각한다.

만약 지금 하는 일이 시간 낭비라고 생각한다면 보통은 기대한 대로 결과가 나타난다. 부정적인 기대를 희망과 낙관이 담긴 기대로 바꿔라. 그리고 롤모델을 설정하라. 주변 사람 중에 항상 활기차고 부정적인 면을 긍정적인 기대로 바꿀 줄 아는 사람을 떠올려라. 자신이 정한 롤모델이 어떤 화법으로 말하고 행동하는지 주의 깊게 듣고 보라. 그를 따라하라.

긍정적인 말의 마법

　어떤 대화를 나누든 어떤 글을 쓰든 당신은 성공할 것이고 목표를 성취할 것이라는 전제로 시작하라. 무엇이든 이미 성공한 것처럼 생각한다면 실제로 성공을 거둘 것이다. 전제는 명료하고 정확해야 하며 의심의 여지를 전혀 두어서는 안 된다. 의심은 긍정적인 마음의 적이다.

　예를 들어 '만약'은 목표를 이루는 데 도움이 되지 않는 단어다. '만약 내가 매출 목표를 달성하면'은 '내가 매출 목표를 달성할 때'보다 썩 좋지 않은 결과를 가져올 것이다. '만약 고객님이 저희에게 일을 맡겨주신다면'은 '고객이 일을 맡겨줄 때'보다 효과적이지 않다. 이러한 미묘한 표현의 차이는 두 가지 측면에서 중요하다.

　첫째, 자신의 무의식에 이미 성공을 이루었다는 생각을 집어넣을 수 있다. 둘째, 그러한 확신은 이야기를 듣는 사람에게도 전달된다. 무의식은 부정적인 생각을 흡수할 수 없고, 무의식은 의식의 하위개념이라 그대로 따를 의무가 있다. 따라서 '내가 승진해서'라든지 '내가 목표를 달성했을 때'라는 지시를 내 마음에 전달한다면, 그것이 실제로 느껴질 것이다.

　동료나 고객을 비롯해 협력 업체로부터 아이디어나 제안에 대해 긍정적인 반응을 끌어내려면 어떻게 해야 할까? 상대방의 말을 경청하며 이해하고 있음을 의미하는 언어를 사용해야 한다. 다음과 같은 문구를 이용하여 말하는 것이 효과적이다.

- 그것이 좋은 방법이라는 것을 알기 때문에
- 그 모든 장점을 고려했을 때
- 여러분은 ~라고 생각할 것입니다
- ~한 사실을 알고 계실 겁니다
- ~에 대해 궁금해하시는 것을 압니다
- ~의 장점을 이해하고 있습니다
- 새로운 접근법도 좋습니다

상대방에게도 통하는 긍정적인 언어를 사용하면 당신과 성공 사이를 가로막는 장벽이 무너질 것이다. 조직에서 최고의 인재는 난관에 부딪혀도 금방 일어서며 승리를 하는 사람들이다.

누구든지 목표를 달성한 적이 있거나 앞으로 목표를 달성할 일이 있을 것이다. 상사에게서 목표를 제시하라는 지시를 받을 수 있고, 어떤 업무를 맡았을 때 매출 목표를 책임질 담당자가 될 수도 있다. 그런데 그 목표가 소극적이거나 힘겹게 노력해야 하는 것이 아니라면 아무도 성과를 인정해 주지 않을 것이다. 이제 용기를 내어 긍정적인 마음가짐으로 긍정적인 목표와 기대치를 수립할 때다.

내 고객 중 한 명은 그의 팀원들에게 "실패하지 않는 것이 성공은 아니다."라는 말을 즐겨 인용한다고 말한다. 당신은 실패를 원하지 않고 회사에 피해를 끼치는 것을 바라지 않을 뿐 아니라 성공에 대한 두 가지 기대치를 세워야 한다. 첫째, 모든 것이 잘 진행될 경우 도달할 수 있는 낙관적인 수치와 기한을 정한다. 둘째, 상황이 바뀌었을 때 예상되는 수

치나 기한을 정한다. 성공의 비결은 불가능한 것을 성취할 수 있다는 신념을 바탕으로 개인적 목표를 수립하는 데 있다.

긍정적인 관점으로 바꾸기

어떤 사람들은 상황을 바꾸고 자칫 위험할 수 있는 조건을 유리한 맥락으로 바꾸는 범상치 않은 기술을 사용할 줄 안다. 그것은 어떤 일에 대한 생각의 틀을 바꾸는 것이다.

NLP 전문가들은 관점 바꾸기Reframing, 즉 문제의 성격을 바꾸는 능력을 매번 강조한다. 모든 의미는 문맥에 따라 달라진다. 문맥이나 내용을 바꿈으로써 의미가 달라질 수 있다. 뛰어난 인재는 문맥이나 구조를 변경하여 부정적인 의미와 결과에서 긍정적인 의미와 결과로 전환하는 능력을 보여준다.

지속적으로 경험의 틀을 바꿈으로써 경험은 더 나은 결과를 창출하고, 당신은 더 나은 결과를 끌어내는 능력을 키울 수 있다. 그 결과 커리어가 발전할 것이다. 그렇다면 모든 상황을 자신에게 유리하게 바꾸는 기술을 배우고 싶지 않은가?

당신의 팀에서 일하던 직원이 퇴사하는 경우를 생각해보자. 당신이 부정적인 성향이라면, 팀원의 퇴사로 공백이 생기고 매출에 타격을 입게 될 것이라며 걱정할 수도 있다. 이 상황을 반대로 긍정적인 관점에서 바라볼 수 있다. 한 명이 퇴사하더라도 남은 팀원들이 자신의 역량을 더욱 키우고 큰 책임감을 갖게 된다고 생각해보자. 그 결과 팀원들의 의욕이 커지고 자신의 능력을 보여주고자 할 것이다.

어떤 목표이든
긍정적인 관점에서 세워라

나는 최근에 고객과 함께 미국 출장을 간 적이 있는데 그 고객이 출장 여건을 어떻게 개선했는지 보고 감탄할 수밖에 없었다. 그는 항공편을 이용할 때는 비즈니스석을 이용할 수 있었고, 호텔에서도 스위트룸에서 묵을 수 있었다. 마치 모든 사람이 그가 편안하게 출장 다녀올 수 있도록 최선을 다하는 것처럼 느껴졌다. 어떻게 그렇게 될 수 있었을까?

그의 출발점은 분명한 목표를 세우는 데 있었다. 그는 가능한 한 가장 편안하고, 최고의 서비스를 이용하여 출장을 다녀오겠다고 결심했던 것이다. 그러나 회사에는 비용에 대한 엄격한 규정이 있기 때문에 그가 법인카드를 마음껏 사용할 수 없었다. 그는 최고의 서비스를 이용할 수 있는 편안한 출장을 계획하게 된 것이다. 그 결과 편하게 항공편을 이용하고 출장지에서 휴식을 취한 덕분에 고객들과 협력 업체에게 최상의 성과를 보여줄 수 있었다. 그렇다면 그는 대체 무엇을 했고, 어떻게 자신의 역량을 이용해 원하는 것을 이루었을까?

[모형화 1] 목표 발견하기

그는 분명한 목표가 있었다. 자신이 원하는 것을 정확하게 알고 있었고, 강한 결심을 토대로 명확한 목표를 세웠다. 우수한 사례를 모형화로 만드는 것이 NLP의 핵심이라는 점을 염두에 두고 당신이 그런 성과를 얻으려면 어떻게 해야 할까? 그의 목표, 태도, 결과를 모형으로 분석하고 삶의 여러 요소를 통제할 수 있어야 한다. 당신이 본받아야 할 모형은 다음과 같다.

- 목표를 긍정적으로 기술하라. '나는 편하게 출장을 가서 충분한 휴식을 취한 후 다음날 일을 성공적으로 마무리해야 한다.'라는 목표를 세운다. '나는 절대 이코노미석에 앉아서 불편함을 느끼지 않을 것이다.'라는 목표는 효과적이지 않다. 머릿속에서 부정문을 지우고 어떤 목표이든 긍정적인 관점에서 세운다.
- 다른 사람이 원하는 것이 아니라 당신이 진정 원하는 것을 정해야 한다. 목표를 주도하고 관리하는 사람은 바로 당신이다.
- 목표는 다른 사람들에게도 이로운 것이어야 한다. 복권 당첨이나 은행털이는 목표가 될 수 없다.
- 의도하는 결과에 이르는 길은 하나가 아니라는 점을 인식한다. 굳이 비즈니스석을 타지 않더라도 이코노미석의 옆자리가 비어 넓은 공간을 이용하며 편안하게 가는 것도 방법이 될 수 있다.

- 첫 단계를 구체적이며 달성 가능한 수준으로 정한다.
- 이 목표로 선택할 수 있는 사항이 많아졌는가? 그 목표를 달성한 결과 당신의 가치가 커지고 삶의 선택 사항이 늘어나야 한다.

[모형화 2] 라포 형성하기

우리의 롤모델에게는 라포를 형성하는 천부적인 능력이 있다. 유연하게 사고하며 상대방의 스타일에 맞추어 행동한다. 앞선 예를 든 상황이라면 좋은 방을 얻으려고 하기 전에 프런트 데스크에 있는 직원과 소통하는 것을 우선시한다. 그러한 영향력을 미칠 수 있는 사람이 되려면 롤모델을 통해 라포를 형성하는 기술을 익히도록 하라. 라포를 형성하는 기법을 요약하면 다음과 같다.

- **일치시키기**Matchng 이야기하는 상대방과 똑같이 행동한다. 상대방이 오른쪽이면 당신도 오른쪽, 상대가 왼쪽이면 당신도 왼쪽을 맞춘다.
- **거울 반응하기**Mirroring 거울에 비친 모습처럼 행동한다. 상대방의 왼쪽은 당신의 오른쪽이고, 상대방의 오른쪽은 당신의 왼쪽이 된다.
- **자세**Posture 상대방과 같은 방식으로 자세를 취하고 머리도 같은 방향으로 한다.
- **손동작**Hand movements 상대방이 말할 때 어떻게 손을 사용하는지 보고 같은 방식으로 손을 움직인다. 먼저 상대방의 몸짓을 조금씩 따라하다가 점차 상대방과 동일한 정도까지 동작의 크기를 확대한다.
- **표정**Facial Expressions 상대방이 어느 정도로 시선 맞춤을 원하는지 관

찰하고 동일한 정도를 유지한다. 상대방의 눈 깜박임의 빈도도 관찰하고 비슷하게 맞춘다.

- **호흡**Breathing 상대방의 호흡법을 관찰한다. 숨이 얕고, 깊고, 빠르거나 느린지 등을 살펴보고 같은 방식으로 호흡한다.

- **화법**Speech 화법을 맞추어 당신의 목소리를 상대방의 어조, 빠르기, 음색, 크기와 일치시킨다. 문장을 끝내는 방법을 주의 깊게 듣고 같은 방식으로 말한다.

- **단어**Words 상대방의 단어가 시각 중심적인지, 신체 감각 중심적인지 관찰한다.

- **핵심어**Key Words 그들이 특정 단어 또는 감탄사를 선호하면 당신도 말할 때 그 단어들을 활용한다.

이러한 기법을 사용하는 것은 당신이 긍정적인 마음을 갖고 있다는 것을 보여준다. 이러한 기법들을 통해 주변의 일들을 주도할 수 있다. 예전에는 몰랐던 당신의 능력을 십분 활용하여 주변 환경이 최고의 성과를 위해 움직일 수 있도록 한다.

동기부여라는 잠금장치

　사람들은 당신의 승진이나 성공을 돕고자 기꺼이 기술과 지식을 공유하려고 한다. 그러나 문에는 안쪽에서 열어야 하는 잠금장치가 있듯이 우리에게도 동기부여라는 잠금장치가 필요하다. 누군가가 당신이 움직이도록 만드는 것이 아니라 당신이 원해야 무엇이든 이룰 수 있다. 설령 다른 사람을 위해 무슨 일을 한다고 해도 잘되지 않을 것이다.

　어떤 사람들은 자신의 일에 만족하고 지금과 같은 삶을 유지하고 싶어한다. 그들의 동기는 바로 지금과 같은 상태가 계속되기를 바라는 마음이다. 반면 어떤 사람들은 더 큰 책임을 지며, 더 많은 권한을 갖고 더 나은 근무 환경에서 돈을 많이 벌고 싶다는 야망이 있다. 당신 안에는 변화에 대한 동기가 있을 뿐 아니라 현재에 그대로 안주하고 싶은 마음도 존재할 것이다. 그러나 이제는 평생직장이라는 개념이 사라졌다. 기업은 끊임없이 비용을 절감하고 이익의 극대화를 추구하기 때문에 언제나 인건비를 검토한다. 따라서 당신이 회사의 핵심 인재가 되려면 지속적으로 당신의 성과를 보여줘야 한다.

동기가 충만한 사람들은 긍정적으로 생각한다. 동기가 있기 때문에 무언가를 이루고자 전진하는 것이다. 그런데 이와는 다른 동기도 존재한다. 무언가로부터 떠나고 싶은 동기다.

긍정적인 사람들은 인생을 충만하게 하는 무언가를 지향한다. 회사의 CEO를 꿈꾸며 열심히 일하고, 상여금을 많이 받고자 열심히 일한다. 혹은 삶의 균형, 그리고 더 행복하고 건강하기 위해 노력한다. 밝은 미래가 바로 그들의 긍정적인 동기가 된다.

반면 어떤 일이든 회피하는 사람들에게는 벗어나기를 원하는 동기가 있다. 그들은 실직하지 않기 위해, 가난을 피하기 위해 일하거나 하고 싶은 일이 있어도 실패할까 봐 시도하지 않는다. 많은 사람이 면접에서 떨어지거나 새로운 직장에 잘 적응하지 못할까 봐 현재의 직장에 억지로 머물러 있다. 긍정적인 마음을 갖고 있는 동료들은 무언가를 회피하는 사람들을 부정적으로 생각할 수 있다. 그러나 그들의 조심성은 때로 숨어 있을 함정을 경고해주는 역할을 하기도 한다. 보험 산업도 다가올 재앙을 피하고 싶어하는 마음에서 시작된 것이지만 보험이 없다면 우리의 삶이 크게 어려워질 수 있었다.

당신의 동기가 어디에서 비롯되었는지 생각해보라. '왜 그 업무를 선택했으며, 왜 그 직장을 택했는가?' '왜 그 공부를 하기로 결심했는가?'를 스스로에게 물어보라. 인생의 핵심적인 부분들을 점검하고, 그 부분들을 회피하지 말도록 노력하라.

사람들과의 긍정적인 성과 유도

뛰어난 인재는 조직 내에서 자신의 이미지를 관리한다. '내가 주변에 어떠한 인상을 주는가?'를 계속 떠올리며 다른 사람들에게 올바른 태도나 동기를 보여주고 있는지 확인해보라. 업무에 따라 성과에 대한 구체적인 의미는 달라질 수 있다. 성과에는 정해진 기간에 맞추어 탁월한 작업 결과를 보여주는 능력, 뛰어난 팀원 되기, 타인에게 긍정적인 기대를 하는 사람이 되는 것이 포함된다. 상황에 따라 다른 자질이 필요할 수도 있다. 성과는 능력에 달렸지만 주변 사람들로 인해 그 결과가 더욱 빛날 수도 있고, 빛을 잃을 수도 있다. 그렇다면 주변 사람들에게 최고의 능력을 이끌어내려면 어떻게 해야 할까?

이제 당신은 자신의 목표와 기대를 향해 노력할 준비가 되었다고 느낄 것이다. 그러나 팀원들도 그렇게 할 것이라고 확신하기는 어렵다. 팀과 팀원들을 관리하기 위한 전략은 다음과 같다.

[1단계] 메시지 전달

동료들이 달성 가능한 목표를 세우도록 하려면, 우선 당신이 성취하고자 하는 목표를 구체적으로 파악한 후 그것을 분명하게 전달해야 한다. 정확한 언어를 사용하여 무엇을 원하는지 명확하게 표현하라. 모호한 표현으로는 의미를 제대로 전달할 수 없다. 구체적인 언어로, 날짜와 시간을 반영한 메시지를 만들어라. 누군가에게 보고서를 작성하라고 지시할 때는 내용, 기한, 결과를 분명하게 명시해야 한다. 이러한 부분을 말한 다음 "내가 원하는 일정과 양식에 맞춰 업무를 끝낼 수 있도록 어떤 지원을 해줄까요?"라고 묻는다. 그런 질문을 함으로써 원하는 것을 얻을 수 있다.

[2단계] 중간 점검

두 번째 단계는 "어디까지 진행되었습니까?"라고 묻는 것이다. 일을 맡은 사람이 어느 단계까지 왔는지에 대한 정보를 구하는 것이다. 다음과 같은 질문도 좋다.

"당신이 이 업무를 정해진 일정 안에 훌륭한 수준으로 완료했다고 가정해봅시다. 그 시점에서 뒤돌아봤을 때 업무를 진행하는 과정에서 극복해야 할 어려움이 무엇이었는지 찾아봅시다. 그러한 어려움을 시간 순서에 따라 말해주세요."

[3단계] 실수 예방

세 번째 단계는 동료들이 목표를 달성하는 데 필요한 방법을 알고 있는지 확인하는 것이다. "당신은 어떤 방법을 알고 있으며, 이 일을 완료하기 위해 또 무엇이 필요한가요?"라고 물어야 한다. 이 단계에서 이런 일을 전에 해보았는지, 또는 경험이 풍부한 사람이 그들을 지원해 줄 수 있는지 질문해야 한다.

이러한 단계를 거친다면 분명한 목적이 긍정적인 기대감을 뒷받침할 수 있다. 실수가 생길 가능성이 없다.

부정적인 상태를 떨쳐버리는 방법

천성적으로 긍정적인 사람일지라도 슬럼프가 있기 마련이다. 이러한 순간에 부정적인 생각들이 천천히 생겨난다. 조사 결과에 따르면 CEO들 대부분은 어느 날 갑자기 누군가에게 "당신을 CEO 자리에 앉힌 것은 큰 실수였고, 당신은 전혀 자질이 없습니다."라는 말을 들을 것 같은 두려움에 사로잡힌다고 한다. 누군가가 당신을 채용했듯이 누군가가 당신을 해고할 수도 있다는 불안감이 생길 것이다. 그런 부정적인 상태를 뒤로한 채 두려움이 찾아왔을 때 이를 쉽게 떨쳐버리는 방법은 무엇일까?

긍정적인 앵커

앵커(Anchor, 닻)는 특정한 반응을 유발하는 감각적 자극으로 시각, 청각, 촉각, 후각, 미각의 오감에 이러한 앵커가 존재한다. 나는 이 책에서 앵커의 형태와 용도를 설명할 것이다. 앵커를 여러 상황에서 건설적으로 잘 활용한다면 인생을 다스릴 힘을 얻을 수 있다.

앵커는 신체적, 청각적, 또는 감각적인 성격일 수 있으며, 개인과 삶에 따라 각기 다른 앵커가 존재할 수 있다. 바닷가에서 파도가 부서지는 소리에 누군가는 행복감을 맛볼 수 있지만, 다른 누군가는 두려움을 느낄 수도 있는 것이다. 사람들은 사랑하는 가족의 사진을 사무실 책상에 올려두고 자신에게 일의 의미가 무엇이며 누구를 위해 일하고 있는지 떠올리곤 한다. 여기에서 이미 삶의 일부로 활용되고 있을 닻을 어떻게 업무에 적용하여 집중력을 키우고 긍정적인 사고를 유지하며 목표를 달성할 수 있는지 설명해보겠다. 뛰어난 인재는 긍정적인 태도를 통해 일관된 성과를 보여준다.

① 음악

영감을 주는 음악을 골라 CD나 플레이리스트를 만든다. 행복한 기억을 되살려주는 음악, 파티에서 들었던 음악, 특별히 행복을 느꼈던 순간에 라디오에서 흘러나온 음악이 무엇인지 생각해보라. 결혼식 때 연주된 곡, 친구들과 함께 갔던 공연에서 들었던 음악을 들으면 웃음이 가득하고 행복했던 과거가 떠오를 것이다. 그 음악이 무엇이든 차 안이나 사무실에서 인터넷으로 들으면서 분위기를 바꿔보라. 중요한 회의, 마케팅 프레젠테이션, 면접 장소에 가는 동안 그 음악을 들어라. 우울해질 때 그 음악을 들어라. 서재에서 들어도 좋다. 그 음악을 듣던 과거의 느낌을 떠올리고 그 순간을 느껴라.

다른 이들을 위해 앵커링(닻 내리기)을 하고 싶을 때에도 음악을 이용하라. 회의를 시작할 때 음악 한 곡을 들음으로써 사무실 분위기를 밝게 할 수도 있다. 월요 영업회의를 시작할 때마다 특정 음악을 틀어 팀원들이 그 음악을 들을 때면 영업에 몰입하도록 만들 수 있다. 타이밍을 잘 맞춰야 한다. 음악이라는 앵커를 통해 팀의 집중력을 높일 수 있으며, 음악이라는 자극이 일과 무의식적으로 연결될 것이다.

② 맛과 향기

특정한 맛과 향기는 좋든 나쁘든 여러 가지를 회상하게 만든다. 나는 토마토와 양배추 캔의 냄새를 맡으면 학교 급식이 생각난다. 슈퍼마켓들은 매장 내에서 즉석 빵을 구워 맛있는 냄새를 퍼뜨리고 고객들이 더 많은 돈을 쓰도록 유혹한다. 부동산 업자들은 집을 내놓은 사람들에게 집안에 신선한 커피를 올려두라고 조언한다. 방문객들이 다른 집이 아닌 그 집을 기억할 수 있도록 긍정적인 분위기가 연출되기 때문이다.

맛과 향기를 직장에서 활용해보라. 업무 환경에 긍정적인 요소들을 적용하면 좋은 효과가 나타날 것이다. 회의에 케이크나 향긋한 과일을 가져가라. 동료들은 은은한 향과 당신의 목표를 긍정적으로 연결할 것이다. 리셉션 데스크나 사무실에 꽃을 두는 것도 좋다. 긍정적인 분위기를 조성할 수 있는 모든 것을 활용한다면 팀 주변 환경을 정리해서 따뜻하고 긍정적인 이미지가 연상되는, 방문하고 싶은 장소로 만들 수 있다.

생각이 다르면
설득 방식도 달라져야 한다

 부실한 상태로 이루어진 긍정적인 생각은 누구에게도 도움이 되지 않는다. 오래가지 않기 때문이다. 긍정적인 생각이 공허한 말이나 일시적인 행동으로 끝나지 않으려면 정해둔 목표가 옳다고 자기 자신을 설득해야 한다. 누군가가 "당신은 할 수 있습니다."라고 말할 때, 그 말을 믿을 수도 있고 안 믿을 수도 있다. 남들이 격려하고 설득해야만 자신이 잘할 수 있다는 긍정적인 확신을 갖는 사람들도 있다. 그렇다면 다른 사람들과 나 자신을 어떻게 설득하여 긍정적으로 생각하게 할 수 있을까?

 가장 먼저, 자신에게 질문하라. "나는 다른 사람이 일을 잘한다고 어떻게 판단할 수 있을까?"

① 보고
② 듣고

③ 읽고

④ 겪어봐야 한다

다른 사람을 어떤 기준에 따라 평가하는지 알았다면, 다른 사람들은 어떤 기준으로 업무 능력을 평가하는지 그들의 관점에서도 생각해보도록 하자. 다른 사람들도 당신과 같은 기준을 적용할까? 그들의 사고방식이 당신과 다르다면 설득 방식을 바꿔야 한다. 다른 사람들과 라포를 형성하기 위해 적절한 분위기를 조성하도록 그들이 듣고, 읽고, 보고, 경험하는 언어를 사용해야 한다. 그들이 생각하는 방식을 이용하면 당신의 설득력이 높아진다.

누군가가 당신을 설득하고자 한다면 그는 몇 차례에 걸쳐 자신의 능력을 증명해야 할까? 당신은 저절로 설득되었는가? 아니면 그의 능력을 여러 번 확인하려고 했는가? 일정 기간 동안 일관된 성과를 보여줄 수 있어야 하는가? 그의 의견에 완전히 동의하고 그가 긍정적인 성과를 보여줄 것이라 확신하려면 여러 단계를 거쳐야 한다.

이제 관점을 바꿔보자. 당신이 남을 설득할 때, 그들은 어떤 과정을 거쳐 동의하게 되고 얼마나 자주 능력을 증명해야만 신뢰하게 될까? 다음의 질문에 답할 수 있다면 다른 사람을 효과적으로 설득할 수 있다.

'나는 이 일을 지금 할 수 있는가?'

'어떻게 할 수 있는가?'

'문제를 해결했는지 어떻게 확인할 수 있는가?'

- -

한 신생 회사의 CEO는 회사의 매출과 이익률을 크게 높이기 위해 새로운 자본 시설 투자를 고려하고 있었다. 그는 재무이사에게 필요한 모든 자료를 준비해 투자의 타당성을 확인하고자 했다. 그러나 결국 결정을 내리지 못했다. 그는 친구와 골프를 치면서 투자에 대해 대화를 나눴고, 여러 홀을 이동하면서 다양한 관점에서 활발하게 논의를 펼쳤다. 그런 후에도 여전히 결정을 내리지 못했다. 그는 공장으로 가서 생산 공정을 확인했고, 잠시 앉아서 생산 담당자와 투자 계획을 논의했다. 그 후 그 CEO는 투자하기로 결정했고, 스스로 올바른 결정을 내렸다고 확신했다. 그는 긍정적인 생각에 도달하기 위해 세 가지 방향에서 자신을 설득한 것이다.

제5장

목표 달성을 위한
자신감

"당신은 성공하는 데 필요한 모든 능력을 갖추고 있다.
당신에게 필요한 것은
그러한 능력을 인식하고 발전시키고 활용하는 것이다."

성공을 시각화하라

뛰어난 인재의 중요한 자질은 자신감이다. 자신감이 넘치는 사람은 자신감이 없는 사람보다 더 많은 것을 이루어낸다. 직장에서 리더의 자질이 있다고 평가받으려면 자신에 대한 믿음을 갖고 있어야 하며, 또한 당신이 자신감 있는 사람임을 인정받아야 한다. 타고난 자신감이 없다면 여러 방법을 통해 자신감을 만들도록 한다. 자신감은 내면에서 생겨나는 마음의 상태다. 아무도 당신의 자신감을 키워주지 않는다. 그러나 당신의 자신감을 무너뜨릴 수 있는 사람은 많다. 꾸준한 노력으로 자신감을 발견하고 키워나간다면 자신감은 습관으로 굳어질 것이다. 그러면 사람들은 당신의 말을 주의 깊게 들으며 당신의 의견을 존중하게 된다. 자신 있는 행동은 이처럼 자연스럽게 영향력과 권위를 낳는다.

자신감 있는 사람은 다른 사람을 설득하기가 수월하다. 또한 자신감 덕분에 결정을 내리기가 쉬워지고, 사람들을 편하게 이끌게 되며 좋은 평판을 들을 수 있다. 자신감 있는 비즈니스 리더들은 자기 믿음이 강하고, 훌륭한 성과를 거둘 것이라고 확신하는 사람들을 곁에 두고 일한다.

승진을 원하거나 더 큰 책임을 맡고 싶다면, 우선 자기 자신에 대한 믿음이 있어야 한다. 다른 사람을 믿는 것만큼이나 자신을 믿는 것이 중요하기 때문이다. 다시 한 번 강조하건대, 자신감 있는 비즈니스 리더는 자기 믿음이 강하고 성공을 확신하는 사람을 주변에 둔다.

성공의 시각화

다른 사람들 앞에서 자신감 있게 발표하고, 어려운 상대와 통화를 하며, 새로운 도전을 하고, 면접에 임하며, 협상을 해야 할 때가 종종 있다. 당신은 어떤 순간에 자신감이 필요한지 마음속에 그 상황을 떠올리고 자신이 성공을 거두는 이미지를 그린다. 그러고 나서 한 번 더 되풀이한다. 이번에는 주변에서 들리는 말도 또렷하게 떠올려라. 처음부터 끝까지 영상이 재생되도록 다시 상상한다. 이렇게 성공을 시각화함으로써 무의식에 자신감을 심어주면, 모든 것이 이미 성취되었다고 믿게 된다.

자신감 있는 자세

마음가짐이 잘못되어 있다면 자신감을 가질 수 없다. 우리 몸은 생각하는 바를 그대로 반영하기 때문이다. 자, 한 가지 실험을 해보자. 먼저 힘없이 서서 무언가에 굴복하듯 고개를 숙이고 있어라. 시선을 아래로 하고, 웃지도 말고, 지루한 어조로 말해본다. "난 살아 있어서 기뻐." 그러고 나서 자동차 와이퍼를 작동시키고 어깨를 편다. 똑바로 서서 고

마음속의 자동차 와이퍼

시작하기 전에 우선 마음속에 큰 자동차 와이퍼를 준비하라. 고급 트럭의 앞
유리에 있는 커다란 와이퍼이면 좋을 것이다. 그 와이퍼로 마음에 계속 남는
불편한 기억이나 생각을 지우고 방해되는 모든 것을 제거해버린다. 듣기 괴
로웠던 말이나 보고 싶지 않은 일이 떠오르면 눈을 감고서 커다란 와이퍼가
화면을 닦으며 모든 것을 지워버리는 장면을 상상해보라. 지금 바로 와이퍼
를 작동시키면 기분이 나아질 것이다. 필요할 때마다 이 와이퍼를 사용하면
마음의 평정을 유지할 수 있다.

개를 든다. 얼굴에 미소를 띠고, 밝은 목소리로 "나는 오늘 너무 끔찍한
기분이야."라고 말해본다. 말의 효과가 없지 않은가? 이렇듯 감정과 행
동은 연관관계를 맺고 있기 때문에 서로 영향을 미치게 되는 것이다. 자
신의 마음 상태를 지배하려면 다른 사람들에게 어떤 모습으로 보이는지
알아야 한다.

모르는 사람, 불신하는 사람, 좋아하지 않는 사람과 회의를 앞두고
있거나 상사에게 제안서를 발표해야 하거나 두려운 토론을 준비하고 있
다면 먼저 자신의 모습을 점검하라. 외양은 마음 상태를 나타내기 때문
이다. 고개를 들고 정면을 응시하며 꼿꼿하게 서 있으면 결단력이 있어
보인다. 자신감 넘치고, 긍정적이며, 활기 있는 모습을 보여야 한다. 회

의 내내 이 자세를 유지하라. 따라서 '이 회의의 참석자들이 나를 어떻게 보고 있을까?'를 계속 생각해야 한다. 당신이 구경꾼이라고 상상하라. 회의에 참석한 사람들의 행동과 표정을 관찰하라. 바꾸고 싶은 점은 무엇인가? 그러고 나서 자신의 모습을 보고, 자신감을 불어넣으려면 무엇을 해야 하는지 결정한다.

팀원들과 함께 회의에 참석하고 있다면 팀원들이 모두 '일치시키기'와 '거울 반응하기'를 통해 자신감 있는 자세를 보이는지 확인해보라. 자신감 없는 분위기를 조성하면 계약을 성사시키지 못하거나 제안이 거부당할 가능성이 크다.

Insight in story

좋은 성과와 이익률을 기록한 한 회사가 매각 대상이 되어 이사회는 인수자를 검토하고 있었다. 그러고 나서 인수를 원하는 회사와 회의를 했다. 이사회는 그동안 화상회의와 이메일을 통해 상대 회사를 긍정적으로 생각하고 있었다. 그런데 그 회사의 직원들은 회의에 참석해서도 자신의 휴대폰을 수시로 확인하며 집중하는 자세를 보이지 않았다. 그들은 이사회에게 확신을 심어주지 못했고, 결국 입찰에서 제외되었다.

상황을 다르게 보려면 관점을 바꿔라

앞 장에서 살펴보았듯 어떤 사람들은 같은 상황도 긍정적으로 보는 기술이 있다. 어떤 사람들은 천성적으로 밝은 면이 있고, 어떤 사람들은 노력을 통해 계발해야 한다. 진정으로 자신감 있는 사람들은 주변 상황에 대한 생각을 재조정하는 능력이 있다. 상사가 계획에 있던 업무교육이 취소되었다고 하면 당신은 어떻게 반응하겠는가? 몇 시간 동안 최선을 다한 일이 거의 다 끝나가는 순간 취소된다면 어떤 반응을 보이겠는가?

여러 반응이 나타날 수 있다. 불평을 늘어놓을 수도 있고, 실망감 때문에 다른 사람을 원망하거나 그동안 한 일이 시간 낭비라고 생각하고, 기운 빠질 수도 있다. 이런 자세는 단지 일시적 후퇴일 뿐이었던 사건을 재앙으로 만든다. 반면에 관점을 바꾸어 같은 상황에서도 이점과 긍정적인 면을 찾는다면 자신감은 더욱 커질 것이다.

관점 바꾸기는 상황을 다른 관점으로 보기 위한 기법이다. '내가 지금과 다른 어떤 생각을 할 수 있으며 지금의 행동 말고 어떤 다른 행동을 할 수 있을까? 이 상황이 가져올 긍정적인 결과를 내가 간과하고 있는가?'라는 질문으로 시작한다. NLP는 선택에 대한 원리다. 상황을 어떻게 볼지, 상황에 어떻게 대응할지는 당신의 선택에 달렸다. 당신은 상황을 바꿀 수는 없지만, 그 상황에 대한 자신의 대응 방법을 달리할 수는 있다.

최근 수년간 누구나 인원 감축에 대한 스트레스를 크게 받았을 것이다. 이 때문에 회사를 떠나 새로운 일을 찾아야 하는 사람들은 몹시 힘들었을 것이다. 한편, 회사에 남는 사람도 힘든 것은 마찬가지다. 더 적은 인원으로 많은 업무를 처리해야 하기 때문이다. 기대치는 높아지고 스트레스는 가중된다. 이러한 상황에서 자연스럽게 '능력 있는 사람이 없으면 일 진행이 힘든데, 이번에도 사람들이 해고된다면 우리는 일을 제대로 할 수 없을 거야.'라는 생각을 하게 된다. 이러한 사고는 우리를 실패의 길로 빠지게 한다. 관점을 달리하면 이렇게 생각해 볼 수 있다.

'이건 내 능력을 입증할 기회야. 내 기술을 이용해 효율적으로 일하는 방법을 사람들에게 알려주겠어. 이런 어려운 상황에서 성공하면 더 좋은 평가를 받을 수 있어!'

현재 상황이 변한 것은 아니지만 상황을 보는 관점이 바뀐 것이다.

성공을 가로막는 믿음

당신의 발전에 가장 큰 장애는 다른 사람들도 아니고, 당신이 일하는 업무 환경도 아니다. 바로 자기 자신에 대한 믿음이다. 당신이 무엇을 믿든 간에 그 믿음은 곧 당신에게 사실이 된다. '어쩔 수 없어'라고 얼마나 자주 생각했는가? 믿음은 현실이 되어 돌아온다. 좋은 인재에서 뛰어난 인재로 가는 길은 낙관적인 믿음을 통해 힘을 키워나가는 과정이다.

때로는 성장 배경, 가족, 친구 때문에 우리 자신에 대한 믿음과 능력에 긍정적인 영향을 받을 수 있다. 그런 한편 다른 사람의 농담에 부정적인 영향을 받을 수 있다. 다른 사람들이 내가 기억하기 싫은 일들을 상기시킬 때가 있다. 가령 실수를 하거나 커피를 쏟은 일, 누군가 내 이름을 기억하지 못한 일 등 일상에서 그런 일은 자주 일어난다.

이런 일이 반복되면 자기 자신의 능력과 믿음을 의심하게 되고 스스로 한계를 짓기 쉽다. 15세 때 수학을 너무 못했다고 해서 지금 숫자에 대한 감각이 없음을 의미하지 않는다. 5세 때 창의성이 부족했을 수는 있지만, 그 후에 예술적인 감각과 능력을 키웠을 것이다. 당신은 지금 다른 곳에 있고, 다른 사람이 되었으며, 다른 목표를 세우고 있다. 이는 당신의 동료와 부하에 대한 믿음에도 적용할 수 있다. 그렇다면 당신의 자신감을 가로막는 믿음에서 어떻게 벗어날 것인가?

부정적인 믿음은 사실이 아닌 감정에 근거할 때가 많다. 부정적인 사람은 무슨 일을 했는지에 대한 객관적인 증거가 있는데도 좀처럼 사실을 믿지 않는다. 아니면 그동안 믿어왔던 대로 일이 잘 풀리지 않아 낙담한 것일 수도 있다. 이런 부정적인 자세는 불필요한 역효과를 유발할 수 있다. 예를 들어 스스로 일을 체계적으로 하지 못한다고 믿으면 다른 사람들 역시 그렇게 믿을 것이다. 그러면 사람들은 당신을 업무에 참여시키지 않을 것이다. 마찬가지로 다른 사람들이 능력 있고 열정적이라 믿으면 그들은 당신이 기대한 대로 행동할 것이다. 또 반대로 다른 사람들이 자신을 미워하고 있다고 믿는다면 그것이 현실이 될 것이다.

자신과 다른 사람에 대한 믿음, 세상을 바라보는 시각을 5가지 핵심 사항으로 정리해보라.

① --

② --

③ --

④ --

⑤ --

그러고 나서 적은 내용을 다시 읽어보라. 그 믿음이 당신을 응원하고 일을 잘하도록 에너지를 준다면 그것을 그대로 간직하라. 반대로 당신을 구속하는 믿음이 있다면 이제 그것은 버리는 게 낫다. 나는 이 점에서 최고의 롤모델을 만난 적이 있다. 사업가인 그는 부정적인 믿음이 개인의 성장을 방해한 적이 있느냐는 질문에 이렇게 답했다.

"나는 살면서 나를 구속하는 믿음이 하나도 없었기 때문에 힘들었습니다. 나는 무엇이든 할 수 있을 것이라고 생각합니다."

자신이 동료들을 어떻게 생각하는지 돌이켜보라. 그들이 협상에 취약하다든지, 능력에 한계를 보인다든지, 다음 단계로 발전할 수 없다고 생각하는가? 사람들이 회사를 떠나는 이유는 어떤 한계에 부딪히거나 회사에서 더 큰 책임을 맡기지 않기 때문이다. 그러한 사람들은 선입관이 없는 새로운 환경에서 오히려 두각을 나타내는 경우가 많다. 예컨대 수습으로 시작한 직원들은 2~3년 후에 다른 회사로 옮기는 경우가 많다. 그들이 충분한 자격과 능력을 갖추었음에도 여전히 심부름만 하는 수습사원으로 인식되기 때문이다. 조직에서 자신의 능력을 인정받지 못하더라도 그것이 곧 자신의 능력이 부족함을 뜻하는 것은 아니라는 점을 명심하라.

동료의 성과 높이기

다른 사람들이 높은 성과를 낼 수 있도록 스스로 책임지고 도와라. 예리한 질문을 통해 사람들이 좌절하는 요인이 무엇인지 파악하라. 누군가가 고객 응대를 꺼린다면, "고객 응대를 할 때 어떤 점이 어렵습니까? 당신의 능력을 제한하거나 가로막고 있는 것이 무엇이라 생각합니까?" 라고 질문해보라.

그들은 "제 능력이 부족해서요"라든지 "회사 제품에 대해 잘 알지 못합니다", 또는 "모르는 사람 앞에서는 당황하게 됩니다"라는 등의 답변을 할 것이다. 이러한 답은 그들의 자세를 부정에서 긍정으로 바꿀 기회가 된다. "고객 앞에 섰을 때 지금 자신의 부정적인 모습과 정반대가 되려면 어떤 믿음을 가져야 할까요?"라고 질문한다. 그 사람이 긍정적인 관점에서 자신을 바라볼 때까지 같은 질문을 계속하라. 그 사람이 긍정적으로 사고하게 된다면 이런 답변에 이를 것이다. "제품에 대해 더 배우고 적극적으로 해보겠습니다" "이제 사람들을 대하는 방법을 알겠습니다" "일단 사람들과 유대감이 생기면 저는 사람들과 잘 지냅니다."

당신은 동료들이 자기 믿음을 강하게 가진 결과, 그 믿음을 통해 달라진 모습을 볼 수 있다. 당신은 "어떻게 사람들을 대하는지 이해했고 우리 제품에 대한 정보를 충분히 조사했으니 고객 응대 역할을 맡기 위해 어떤 방법을 사용하는 것이 좋겠습니까?"라고 물으면서 그들이 새로운 방법들을 끌어낼 수 있도록 유도할 수 있다.

이렇게 동료들이 자기 믿음을 강화하게 하면서 당신은 동료에 대한 시각을 새롭게 하고, 그들이 더 많은 일을 성취하도록 도울 수 있다.

자신감 있는 팀 만들기
자신감 있는 팀은 의심 많고 불안해하는 팀보다 좋은 성과를 낼 수 있다. 다시 말해 당신과 팀원들이 자신과 자신의 능력을 믿는지에 따라 실패와 성공을 방해하는 분위기를 만들 수 있고, 그와 반대로 개인과 팀이 성공하도록 사기를 높일 수도 있다.

성공하는 팀은 자신들이 승자라고 생각한다. 그들은 말로는 성공을 장담하면서 마음속으로 최악의 상황을 기대하는 일이란 없다. 또한 야심차게 목표와 목표치를 정하면서 그것을 이루지 못할 경우를 가정해 스스로 실패의 함정을 파지 않는다. 성공하는 팀은 다음과 같은 말을 하지 않는다.

- **그럼 한 번 해보자** 그들은 제대로 하지 않을 것이라면 시작하지 않는다. 절대 시험 삼아 하는 일은 없다.
- **걱정 마라** 그들의 무의식은 부정적인 메시지를 흡수하지 않는다. 걱정하지 말라는 말은 '걱정하고 있다'는 마음 상태를 공공연히 알리는 말이다. 성공하는 팀은 절대 걱정하지 않는다.
- **목표에 이르지 못할 수도 있다** 성공하는 팀은 주변 상황에 상관 없이 반드시 목표에 도달할 것을 가정하고 행동한다.
- **7월과 12월은 항상 실적이 안 좋은 달이다** 그들은 출발점부터 실패를 가정하는 생각을 하지 않는다.
- **~하기는 불가능하다** 성공하는 팀은 자신들이 무엇이든 할 수 있다고 생각한다.
- **~당신은 절대 ~할 수 없다** 목표를 달성하는 팀의 사전에는 이런 부정적 표현이 존재하지 않는다.

- **우리는 시장 상황을 극복할 수 없다** 승자는 자신의 현실을 창조하며 외부 조건이 성공에 방해될 수 있다는 걱정을 하지 않는다.

Insight in story

내 고객 중 크게 성공한 사업가 한 명은 최고의 인재는 목표 지향적인 사람이라고 믿는다. 그래서 그는 목표 지향적인 사람만을 채용한다. 그 결과 그의 회사는 개인과 조직 전체가 뛰어난 집중력과 결단력을 발휘하며 결심한 바를 반드시 성취한다.

자신감 있는 자아를 찾는
순간변화기법

마음으로 그려보기

몸과 마음은 서로 연결되어 있고 구분이 명확하지도 않다는 점을 명심하라. 당신은 이제 자기 자신을 굳게 믿어야 한다. 자신감이 더 커지기를 바라는 세 가지 상황을 생각해보고 아래에 적어 넣자.

① _____

② _____

③ _____

1단계

긴장했던 상황을 생각해보라. 누군가를 만나야 하는 순간이나 자신에 대해 확신하지 못했을 때가 그러한 상황이다. 그것은 새로운 상사와 대면한 자리일 수도 있고, 잠재 고객에게 프레젠테이션을 하던 순간일 수도 있다. 조찬 모임에 가서 주변을 둘러봤는데 아는 사람이 한 명도 없었거나, 주간회의 도중 동료들 앞에서 발표했던 순간은 어떠했는가? 상황이 무엇이든 당신이 있었던 장소, 그때 입었던 옷, 말한 내용, 머릿속에서 떠오르는 생각들을 기억해보라.

2단계

이제 자신감이 넘쳤던 순간을 떠올려보라. 수영을 하기 시작했을 때, 운전면허를 땄을 때, 어려운 상황을 침착하게 잘 넘겼던 가슴 뿌듯한 순간이 있었을 것이다. 또는 다른 사람이 하지 못한 답변을 내가 했을 때, 중요한 계약을 성사시켰을 때일 수도 있다. 잠시 시계를 돌려 그때의 상황으로 돌아가자. 당신은 어디에 있었는가? 무엇을 입고 있었는가? 회의실에 누구와 있었는가? 누가 이야기했는가? 당시의 상황을 분명하게 떠올려라. 그때 내면의 소리, 즉 머릿속에서 들려오던 작은 목소리는 무엇을 말했는가? 그 목소리는 당신에게 어떻게 들렸는가? 강렬한 목소리였으며 긍정적이고 든든한 느낌이 들었는가?

이제 좀 더 나아가 성공의 순간에 어떤 느낌이 들었는지 기억해보라. 다시 그 느낌을 떠올려보고, 자신감과 만족감이 가득했던 순간에 머물러라. 자신감이 가득했던 그 상황을 밝고 강렬하게 그려보고 행복한 소리들로 채워라.

3단계

다시 자신감이 부족했던 장면을 떠올린다. 그때의 상황에 몰입하여 직접 눈으로 보라.

4단계

이제 자신감이 없었던 작고 어두운 그림을 왼쪽 구석으로 치운다.

5단계

이와 동시에 자신감이 없었던 상황의 그림을 축소해 작은 점이 되어 사라지도록 만든다. 그 작고 어두운 그림이 사라지는 순간 밝은 시야가 펼쳐진다. 효과가 커지게 하려면 '휙' 하는 소리를 내면서 그림을 날려 버린다.

이 과정을 다시 잘 읽고 실전으로 들어간다. '휙' 소리를 낼 때는 마음 속의 와이퍼를 사용해 마음의 화면을 잘 닦아내도록 하자.

모든 능력을 다 발휘하고 자신감을 강화시키고 싶은 결정적인 순간에 이 과정을 세 번 이상 반복하라.

자신감과 영업

자신감 있는 사람은 영업하는 방법을 잘 안다. 살다보면 누구나 영업을 해야 할 시점이 있게 마련이다. 어떤 회사에서는 직원을 채용할 때 아직도 "이 펜을 저에게 팔아보십시오."라는 고전적인 면접 방법을 사용한다. 그런 순간이 닥치면 영업 전략이 간절히 필요할 것이다. 굳이 판매가 아니라도 누군가를 설득해야 하고, 투자를 권유하거나 장기 휴가를 요청해야 할 때가 있을 것이다. 이처럼 우리는 직간접적으로 일종의 영업 활동을 한다. 이럴 때 효과적인 영업 전략을 구사하는 방법을 배워보자. 모든 일은 계획이 있으면 더 잘 진행된다.

여기서는 잠재 고객과 만나는 상황을 상상해보자. 고객의 동의를 받아내려면 다음과 같이 5단계를 거친다.

① 라포를 형성한다. 라포 없이는 어떤 것도 이룰 수 없다. 행동 일치시키기, 거울 반응하기, 신체 감각적 특징, 목소리 톤, 호흡, 언어 습관, 단어 등 모든 요소에 집중하라. 진정한 유대감을 형성하는 깊은 라포를 쌓는다.

② 누군가가 왜 이것을 원하는지 질문한다. "이 펜, 이 차, 이 서비스 계약이 필요한 이유는 무엇입니까?" "구체적으로 어떤 용도입니까?" 고객의 답변을 주의 깊게 들음으로써 좋은 기회를 포착할 수 있다.

③ 이렇게 해서 고객이 그 물건을 원하는 이유와 니즈를 파악했다. 이제는 고객이 그 물건을 갖고 싶어하는 이유를 보고 듣고 느껴야 한다. 당신은 고객과 대화를 나누고 라포를 유지하고 설득할 기회를 가졌다. 고객이 말한 이유를 반복해서 말하며 그 니즈를 제품과 서비스에 적용시킨다. 예를 들면 이렇게 말하는 것이다.

"고객님은 계약의 가장 기본적인 조건으로 신뢰감을 꼽고 있으시죠? 그런 면에서 우리 제품은 유명한 상을 수상하여 이미 고객님이 중요하게 생각하는 신뢰성을 인정 받았습니다."

이러한 방법으로 당신은 고객 맞춤형 대화를 할 수 있다.

④ 고객의 니즈를 제품이나 서비스와 연결한다. 이제 '~라고 하는 것이 좋겠습니다.' '~의 경우에는 이렇습니다.' '~라고 하셨기 때문에' 등의 조건부 구문을 사용하여 고객을 설득할 만한 틀을 세운다.

⑤ 마지막 순간에 잊기 쉬운 말이 있다. 고객에게 주문할 것을 요청하라!

실패란 존재하지 않는다. 자신감 있는 사람이 걷는 성공의 길에는 가야 할 곳에 이르도록 도와줄 교훈만이 가득하다.

제6장

도전과 열정을 위한
에너지

"몸과 마음은 연결되어 있는 하나다."

뛰어난 인재는 에너지가 가득하다.
그들은 항상 무언가를 하는 것처럼 보인다.
어떤 여건도 극복하며 절대 지치지 않는 것처럼 보인다.
"무언가가 되기를 바란다면 바쁜 사람을 시켜라."라는 말이 있다.
바쁜 사람들은 끊임없이 에너지를 발산하기 때문이다.
그들은 영원히 방전되지 않는 배터리와 같아서 대부분 사람보다
많은 일을 할 수 있으며, 바쁘게 일하는 것을 즐긴다.

열정과 추진력

    기업이 원하는 인재는 도전을 즐길 뿐 아니라 멀티태스킹이 가능하여 여러 프로젝트를 차질 없이 관리하고, 어려움을 극복하며, 바라는 결과를 성취한다. 열정적인 사람들은 도전을 적극적으로 받아들이고, 가장 먼저 무엇을 해야 할지 파악하며, 일을 빨리 시작하고 싶어한다. 반면에 팀의 사기를 떨어뜨리는 사람들도 있다. 그들은 깊은 한숨을 쉬거나 흐트러진 자세로 하품만 하며, 스스로 일하는 법이 없다. 이러한 사람들은 말과 말하는 방법뿐 아니라 태도만으로도 동료들의 에너지를 빼앗는다. 무슨 일이든 그들의 첫 번째 반응은 "문제가 일어날 것이다" "어렵다" "번거롭다"이다. 에너지와 열정은 긴밀한 관계에 있으며, 이 두 요소는 기업의 생명줄이다.

    성공하는 사람들은 목표를 이루려면 우선 행동부터 해야 한다는 것을 안다. 좋은 인재에서 뛰어난 인재가 되려면 행동하기 위한 에너지, 즉 열정과 추진력이 필요하다. 그것은 여러 수단에서 얻을 수 있으며,

스스로 키울 수도 있어야 한다.

성공의 수단

무엇을 성취해야 하는지 생각해볼 때 당신이 현재 무엇을 갖추고 있으며 무엇이 더 필요한지에 대한 답이 필요하다.

그리고 다음 질문을 스스로 던져본다.

- 그 수단을 예전에 갖춘 적이 있는가?
- 그 수단을 갖춘 사람이 주변에 있는가?
- 그 수단을 갖춘 것처럼 행동할 수 있는가?

"성공에 대한 열정이 기업을 움직인다. 열정은 개인의 자세와 일하는 방법에서 저절로 드러난다. 나는 적극성과 열정을 중시하며, A급 팀만을 원한다. 이 부분에서는 절대 타협하지 않는다. A급 팀의 일원이 되려면 열정이 있어야 한다. 업무 기술은 배우면 되지만, 목표를 위해 매일 일찍 일어나서 하루 일분일초를 충실히 살려고 하는 의욕은 미리 갖추고 있어야 하는 자질이다. 그런 사람을 어떻게 구분할 수 있을까? 어제 무엇을 했는지 물어보면 된다. 의욕적이고 열정적인 사람은 항상 다양한 일을 하고 있으며, 무엇을 왜 하고 있느냐고 물으면 눈을 반짝이며 이야기한다. 어떤 분야든 성공의 비밀은 열정에 있다. 열정적인 사람은 항상 도전을 반갑게 맞이한다."

존 다건(글로벌 비즈니스)

정말 좋아하는 일을 즐기면서 했던 기억을 떠올려보라. 회사 업무이거나 집안일일 수도 있다. 또는 축구, 요리, 자전거 타기, 외국어 공부, 페이스북일 수도 있다. 그 상황이 어땠는지 생각해보라. 당시에 어디에 있었는지, 무슨 소리가 들렸는지, 무엇이 보였는지 떠올려보라. 그 그림을 눈앞에 그리고, 그 순간 경험했던 감정을 느껴라. 그 장면을 사진으로 찍고 소리도 녹음해 마음속 한 곳에 따로 보관해둔다.

이제 아침에 일어나서 느끼는 감정을 생각해보라. 일어나서 느끼는 감정 속에 조금 전 간직해두었던 사진과 소리를 끼워 넣는다. 즐거운 순간의 기분을 매일 직장에서도 유지한다면 얼마나 좋을까? 날마다 업무에 새로운 에너지와 열정을 불어넣기로 지금 결심하라. 그 누구도 아닌 바로 당신만이 자신의 마음과 행동을 통제할 수 있다. 열정은 목적을 위한 수단이며, 열정을 갖춤으로써 진정으로 바라는 목표에 다가갈 수 있다.

Insight in story

사라는 대학 졸업 후 교사가 되었고, 출산 기간을 제외하면 계속 교사로 일했다. 그러다 46세 때 교사직과 업무 환경의 변화에 환멸을 느끼고 일을 그만두었다. 그 후 구직 활동을 하지 않고 4년을 집에서 머문 사라는 돈이 필요해져 다시 일을 구하기 위해 나섰다.

사라의 구직 활동은 난관에 봉착했다. 그녀가 선택할 수 있는 몇몇 직장은 급여가 낮아 마음에 들지 않았다. 원하지 않는 교사직으로 다시 돌아가는 것도 싫었다. 사라는 이미 재교육을 받기에는 늦었다고 생각하고 자신의 역량보다

낮은 수준의 사무직에 몇 번 지원했지만, 그것도 거절당했다. 결국 그녀는 자신의 나이 때문이라 생각하고 사무직뿐 아니라 모든 곳에 취업 원서를 내기 시작했다. 그러나 그녀는 지금까지 직장을 구하지 못했다.

사라는 왜 직장을 구하지 못했을까? 무엇보다 사라는 비관적이고 희망이 없었다. 남들보다 뒤처졌다는 생각에 체념한 상태였다. 그녀를 면접한 회사마다 그녀의 그런 상태를 느꼈던 것이다. 아무리 경력이나 역량이 뛰어나도 열정이 사라져 있다면 아무 소용이 없다. 모든 사람이 그녀가 열정이 없는 상태라는 것을 느꼈기에 어떤 기대도 하지 않은 것이다.

행동에 영향을 미치는
에너지 근원

    강한 에너지가 자연스럽게 생기지 않는다면 에너지를 키우는 사고방식을 연습해보자. 행동을 통제할 수 있는 핵심적인 메타 프로그램 중 하나는 행동에 영향을 미치는 에너지의 근원을 관리하는 것이다. 하고 싶은 일을 하고 목표를 향해 나아갈 때 긍정적인 에너지가 생겨난다. 목표를 향해 나아가려는 의지가 있으면 열정과 의욕이 생긴다. 즉, 충분히 원하고 소망해야만 목표를 향해 나아가고자 열심히 노력하게 된다.

    의지와 열정이 있으면 일을 역동적으로 하게 된다. 버밍햄 공장에서 3개월 동안 근무해야 하는 상황을 가정해보자. 이때 "버밍햄 공장에서 일하게 되면 인맥과 경험을 더 많이 쌓을 수 있어."라는 긍정적인 마음가짐을 가져라. "그곳에는 아는 사람도 없으니 외롭고 지겹겠지."라든가 "해고되는 것보다는 낫겠지."라는 자세와 비교하면 어떤가? 뛰어난 인재는 자신이 하고 싶은 일을 선택하고, 어쩔 수 없는 상황에서도 가장 좋은 면을 바라본다.

반면에 무언가를 회피하려고 행동할 때가 있다. 무언가로부터 벗어나려는 행동은 에너지를 빼앗아갈 뿐이다. 예를 들어 이틀 동안 효율적인 시간 관리 교육에 참여하는 이유가 단지 회사에서 일하기 싫기 때문이라고 하자. 그 사람은 체계적이고 효율적인 업무 방식을 배우기 위해 교육을 받는 사람만큼 학습 효과를 거둘 수 없을 것이다.

의욕 있게 일하고자 한다면 무언가를 하겠다고 결심할 때 긍정적인 관점에서 생각하라.

Insight in story

직원들이 바쁘고 정신없이 일하는 회사를 방문한 적이 있다. 모든 직원이 할 일이 너무나 많고 일을 해낼 시간이 늘 부족했다. 회의는 쫓기듯 진행되었고, 자주 취소되거나 지각하는 사람이 많았다. 정해진 일정을 어기기도 일쑤였다. 사업 기회는 좀처럼 잡히지 않고, 의사결정이 너무 늦게 이루어졌다. 회사에는 스트레스와 허둥거리는 분위기가 가득했다. 직원들을 자세히 살펴보니 그들은 아침 9시에 출근해서 저녁 6시에 퇴근한 적이 드물었다. 여유 있게 점심을 먹거나, 식사 후 커피 마실 시간조차 없었고 각자 얼마나 바쁜지 이야기하는 소리만 들려왔다. 직원들은 실제로 일한다기보다는 말로만 일하는 것 같았다. 그들은 효율적이지 않았으며 우선순위에 따라 일하지 않았다. 그들이 하는 일의 20%라도 제대로 했으면 80%의 차이가 나타날 것이고, 이미 무언가를 성취했을 것이다. 바쁘다고 해서 에너지가 넘치는 것은 아니다.

우리는 종종 불가능한 상황에서 생존한 사람들의 이야기를 읽는다. 폭설을 이겨낸 사람, 난파된 배, 상어의 공격, 약탈, 굶주림 등 불가능할 것 같은 상황에서도 생존한 사람들의 이야기를 듣는다. 성공의 비밀은 정신의 힘이 육체의 힘보다 강하다는 데 있다. 정신력을 이용하면 물리적 어려움을 극복할 수 있다.

에너지의 작용

누군가에게 이메일을 보내거나 전화하려고 생각한 순간 그 사람에게서 전화가 온 적이 종종 있지 않은가? 이를 우연이라고 생각할 수도 있지만 사실은 우연보다 강한 힘이 작용한다. 이러한 현상을 우연으로 생각하고 그저 신기해하지만 말고, 이런 일들이 더 자주 생기게 만들 수 있다. 이 방법을 이용하여 유난히 연락하기 어려운 사람과 연락할 수도 있다. 예를 들어 고객에게서 전화를 받고자 할 때 이 방법을 사용하여 빠르게 연락이 오도록 할 수 있다.

시각화하기

전화하거나 이메일을 보내고 싶은 사람을 생각하라. 그 사람의 얼굴을 마음속에 갖다놓고 선명한 총천연색으로 떠올린다. 다음 단계로 마음의 카메라 렌즈를 움직여 배경까지 보이도록 확대한다. 그 사람은 운전하고 있거나, 회의실에 앉아 있을 수도 있다. 이제 그 사람 주변의 대화를 들어보자.

그 사람과 대화하고 싶다면 그 사람이 당신의 전화번호를 누르는 모습을 떠올린다. 집중해서 그 장면을 선명하게 만들어라. 이메일을 기다린다면, 그 사람이 컴퓨터 앞에 앉아 당신에게 이메일을 쓰는 장면을 떠올려라. 그 사람에게 집중해야 의사소통이 시작되므로 시각화가 선명할수록 더 좋은 결과를 얻을 수 있다.

다른 사람의 에너지 이용하기

에너지는 단지 분주하게 활동하는 것을 의미하지 않는다. 때로는 아무것도 하지 않는 것이 가장 좋은 방법이기도 하다. 그레이엄이라는 나의 지인은 자신이 파트타임 직원을 찾은 과정을 이야기해 주었다. 그가 원하는 직원은 기동력이 있고, 불가능을 가능으로 만들고자 하는 적극성과 에너지가 넘쳐나야 했다.

온라인으로 구인 광고를 내자 70명이 이력서를 보내왔다. 그레이엄은 각 후보에게 이력서가 접수되었다는 답변을 보냈다. 그리고 기다렸다. 대부분 지원한 사람들도 그의 연락을 기다렸다. 그런데 그렇지 않은 여성 지원자가 한 명 있었다. 그녀는 먼저 그레이엄에게 이메일을 보냈고, 또 전화를 걸어 자신이 그 자리에 얼마나 관심이 있는지 설명했다. 직접 그녀를 만나본 후 그레이엄은 채용하기로 결심했다. 그녀는 지금 유능한 직원으로 일하고 있다. 그레이엄은 자신의 에너지가 아니라 그녀의 강한 에너지 덕분에 인재를 찾을 수 있었다고 생각한다.

에너지로 남들보다 앞서는 법

목표를 이루고 일을 잘하는 것이 전부가 아니다. 다른 이들도 당신이 목표를 이루고 일을 잘한다고 인정해야 한다. 이를 위해 상사에게 선물하거나 아부하라는 말이 아니다. 경력을 업그레이드하기 위해 자신에 대한 평가를 긍정적으로 바꾸도록 해야 한다. 그러한 변화가 일어나려면 먼저 당신의 모습부터 달라져야 한다.

다르게 보이고 싶은가? 남들이 보는 당신의 모습을 바꿔야 다르게 보일 것이다. 갑자기 바른 태도를 보여주는 것만이 전부가 아니다. 겉모습, 말하는 법, 행동에도 변화가 필요하다. 어떻게 하면 자연스럽고 효과적으로 변할 수 있을까?

- **외모** 작은 변화를 통해 일정한 패턴에서 벗어나라. 항상 검은색 옷을 입었다면 붉은 색상의 옷을 입어보라. 항상 넥타이를 맸다면 넥타이를 매지 않은 차림도 해보라.
- **접근법** 체계적이고 논리적으로 문제에 접근한다고 알려졌다면 직관적이거나 창의적인 접근법도 함께 사용해보라. 업무 방식을 크게 바꾸고 누가 그 변화를 느끼는지, 그들의 반응은 어떠한지 살펴보라.
- **행동** 다른 사람들은 당신의 행동에 대해 어떻게 생각하는가? 원래 말이 많든 조용하든, 빠르게 말하든 차근차근 말하든, 다른 방법들을 찬찬히 고려하든 그 모습을 때때로 바꿔보라. 행동을 변화시키는 것은 사람들이 자신의 생각을 멈추고 당신에게 집중하게 만드는 강력한

수단이다. 강조하고 싶을 때 계획적으로 이 방법을 세심하게 이용하라.

- **팀** 당신이 관리하는 팀을 관찰하고, 팀을 관리하는 방법을 혁신하겠다고 결심하라. 월요일마다 회의했다면 시간을 바꾸거나 회의 형식 또는 장소를 바꾼다. 팀과 일하는 법을 살펴보고 새로운 에너지를 불어넣어라.

- **동료** 조직 내에서의 인간관계를 살펴보고, 자신의 인간관계를 발전시키기 위해 노력하라. 각 부서의 동료, 또는 여러 명과 의사소통하는 방법을 바꿔보자. 긍정적이고 열정적인 변화를 시도한다면 주변의 많은 것이 달라질 것이다.

- **시간 준수와 분위기 주도하기** 한 걸음 더 나아가라. 많은 방법으로 그렇게 할 수 있다. 상사보다 5분 먼저 도착하고 5분 먼저 떠나라. 당신이 회사에서 항상 마주칠 수 있는 사람이 되면 주변 사람들의 업무 속도도 빨라진다. 당신은 어느새 회사의 강력한 에너지원이 되어 있을 것이다.

에너지 생성의 시간

내면의 에너지

에너지가 넘치는 사람이 고속도로를 질주하는 자동차처럼 보이는 것은 아니다. 내면의 힘도 강한 열정을 지니고 있다. 그래서 내면의 에너지에 집중하면 생각의 방식을 바꿀 수 있다. 해야 할 일도 많고 정신없이 바쁘게 일을 하다 보면 조용한 시간을 가질 수 없으므로 내면의 열정을 키우기가 쉽지 않다.

그러므로 일상생활에서 사색의 시간을 가지도록 해야 한다. 운동할 때, 개를 산책시킬 때, 음악을 들을 때, 기차를 타고 창밖을 바라볼 때가 생각할 수 있는 좋은 기회다.

하는 일을 멈추고 30분 정도 생각할 시간을 가져보자. 생각할 시간을 굳이 일정에 잡거나 수첩에 써둘 필요까지는 없다. 컴퓨터나 휴대폰을 끄고 혼자 있을 조용한 장소를 찾도록 한다. 당신이 청각적인 사람이라면 음악을 틀어놓고 생각해도 좋다. 신체 감각적인 사람이라면 편안한 환경을 조성하는 것이 기분 좋게 30분을 보내는 비결이다.

이제 눈을 감도록 하자. 기분 좋은 장소에 있는 당신의 모습을 상상하고, 행복함을 느껴라. 그 장소가 해변일 수도 있고 교외 등 어디든 상관없다. 긴장을 풀수 있는 곳이면 어디든 괜찮다.

주변의 고요함을 이용하여 복잡한 마음을 비워라. 잡다한 생각이 사라지면 새로운 시각과 깨달음을 얻을 수 있다.

사색은 성공한 사람들의 비법 중 하나다. 평화, 고요, 정적은 아직 깨닫지 못한 답을 발견하게 해준다. 시간을 내서 사색의 공간을 만들면 아직 사용되지 않은 내면의 에너지를 얻게 될 것이다.

외부의 에너지

때로는 몰아치기로 일을 하여 쌓인 일을 빨리 해버리고 밀린 이메일을 삭제하면서 일을 마무리하는 것이 도움될 때가 있다. 하지만 그렇게 급하게 일을 처리하면 결과물의 수준에 일관성이 없다.

사람들은 잘한 일에 대해 빨리 알아채지는 못하지만, 결과물의 수준에 차이가 많이 나면 이를 쉽게 눈치 챈다. 그동안 소홀히 했던 일에 에너지를 쏟게 되면 업무에 대한 만족도가 커질 수 있다. 결과물에 대해 크게 걱정하지 않아도 되고, 상사와 동료들에게 좋은 평가를 받을 것이다.

Insight in story

로버트는 지금까지 가장 훌륭한 영업이사로 평가받는 인재 중 한 명이었다. 그는 항상 바쁘게 일하면서도 실수 없이 제대로 일을 처리했고, 어려운 일도 가능하게 만드는 사람이었다. 그러나 로버트는 이사회 보고서를 작성하고 향후 전망과 예산을 산정하는 일에 흥미를 느끼지 못했다. 그는 파워포인트를 잘 다루지 못한 데다, 보고의 필요성을 느끼지 못하고 있었기 때문이다. 그는 보고서를 작성하는 대신 회사의 영업을 관리하는 것이 자신의 주 업무라고 생각했다.

로버트는 항상 급하게 프레젠테이션을 준비하고 자료를 늦게 제출하는 바람에 이사회 종합 보고서 취합이 늦어지게 만들었으며, 이사회 진행에 차질을 빚게 한다는 지적을 몇 번이나 들어왔다. 그러나 그는 그러한 지적에 귀 기울이지 않았다. 당시 중요한 자금 투자를 유치하고 있던 회사는 로버트가 자료를 꼼꼼하게 준비하지 않은 탓에 결국 투자 유치에 위기를 맞았다. 그 결과 로버트는 그동안의 성과도 전혀 인정받지 못한 채 회사를 떠나야 했다.

일 제대로 하기

지금 당면한 일들을 생각해보고 싫어하거나, 피하고 싶거나, 대충 처리하고 싶은 세 가지 일을 종이에 써라. 그리고 다음과 같은 질문을 해본다.

- 이 일이 중요한 이유는 무엇인가?

- 이 일이 다른 사람에게 중요한 이유는 무엇인가?
- 이 일에 성공하는 것이 나의 커리어에 얼마나 중요한가?

일을 제대로 처리하지 못하면 그 여파가 미치게 된다. 크든 작든 평판이 나빠질 수 있다. 당신은 기한을 지키지 못하고 일을 끝내버리는 사람으로 알려지고 싶지 않을 것이다.

유용한 전술

좋아하지 않는 일을 하지 않으려고 어떤 전략을 사용하고 있다면 여기에서 그것을 분석해보자. 당신의 전략이 가져오는 결과는 불보듯 뻔하다. 그 전략은 이미 잘하고 있는 일마저 망치게 만든다. 일을 회피하려는 전략 덕분에 당신은 수동적인 사람이 될 가능성이 크고, 그 결과 주변 상황에 의해 지배당할 것이다. 자신의 통제 능력을 상실하고 주변의 상황에 운명을 맡기게 된다.

그럴 수밖에 없는 것이 일을 시작하기도 전에 일의 규모에 압도되기 때문이다. 이를 극복하려면 감당할 수 있는 크기로 일을 세분화하여 작은 부분부터 볼 수 있도록 해야 한다. 이렇게 "충분히 상세하게 구분되었는가?"라는 질문을 반복하면서 가장 구체적인 단위까지 파고들어야 작은 부분, 즉 일의 각 요소를 파악할 수 있다.

회피 전략이 실패하기 쉬운 또 다른 이유는 일하려는 의욕이 충분하지 않다는 것이다. 이런 경우에는 생각의 틀을 바꿈으로써 당신의 의욕을 긍정적인 에너지 흐름으로 변화시킬 수 있다. 당신에게 취약한 업무를 예로 들어보자. 회사에 비용 청구를 제때 하지 못하는 단순한 문제일 수도 있고, 현금흐름 관리를 제대로 하지 못하는 문제일 수도 있다. 당신이 업무를 제대로 하지 않으면 부서에서는 계정별로 분명한 수치를 입력하지 못해 많은 사람이 이용하는 자료가 부정확해진다.

이 문제에서 한 걸음 물러서서 자신을 바라보라. '내가 이 일을 어떻게 하는가?'라고 스스로 물어보라. 지금 일하는 방법을 바꿀 수 있을 때까지 그 질문을 되풀이한다. 질문에 답하다 보면 당신이 비용 청구를 제때 하지 않는 문제의 원인이 되는 특정 행동 패턴을 찾게 될 것이다. 당신이 일을 제대로 하지 못하는 것은 다음과 같은 이유 때문일 수 있다.

- 다른 일이 너무 바쁘다.
- 모든 영수증을 주머니, 지갑, 컴퓨터 가방, 서랍 등 한 곳에 아무렇게 나 뭉쳐 넣어둔다.
- 할 일이 너무 많다.
- 기한이 다가와서 급하다.
- 외근이 많아서 할 수 없다.

일을 피하기 위해 그동안 자신이 어떤 행동을 했으며, 그 행동이 어떤 결과를 낳았는지 생각해본다. 문제가 항상 같은 패턴으로 반복되는가?

그렇다면 '내가 이 일을 제때 끝낸 적이 언제인가'를 자신에게 묻고 그 순간을 떠올려본다.

성공을 이루었던 순간과 하기 싫은 일을 했던 순간도 함께 떠올리면서 그 기억에 새로운 에너지를 불어넣어라. 또한 새로운 전략을 시행하기 위해 변화를 통해 자신이 원했던 결과를 얻도록 한다. 앞으로는 잘할 수 있을 것이라고 생각하고, 내가 겪었던 어려움은 무엇이었는지 질문해본다.

에너지를 키우는 습관

열정적인 사람들은 열정적인 사람에 어울리는 행동과 말투를 보여준다. 그렇다면 강한 열정을 갖고 다른 사람들이 자신을 열정 넘치는 사람으로 인정하게 하려면 어떤 변화를 모색해야 할까?

몸의 자세

사무실이나 회의실, 고객과의 만남에서 어떤 자세로 앉아 있는지 생각해보라. 적극적인 태도로 일을 완수할 수 있다는 모습을 보여주려면 웅크린 몸을 펴고 곧은 자세로 앉아야 한다. 의자에 등을 기대지 말고 허리를 세우고 앉는 습관을 갖게 되면 집중력이 생길 것이다. 몸을 의자에서 쭉 빼낸 채 구부정한 자세로 앉아서는 안 된다. 의자를 책상에서 멀리 빼고 깍지 낀 손으로 머리 뒤를 받치는 자세도 피해야 한다. 긴장 상태로 분주하게 움직이는 모습을 보여라.

그리고 나서 이번에는 팀원들을 관찰하라. 그들의 자세는 어떠한가?

팀원들에게 바른 자세에 대해 직접적으로 조언하라. 회의에서 팀원들의 무례한 자세 때문에 다른 사람들에게 안 좋은 인상을 줄 수 있을 때는 어떻게 할까? 간접적인 개입으로 그들이 자세를 바꾸는 방법을 사용하라. 우선 그들의 몸짓 언어, 눈빛과 당신의 행동을 일치시켜 긴밀한 라포를 형성한다. 라포가 형성되면 당신의 자세를 서서히 바르게 바꾼다. 팀원들은 점차 당신을 따라 바른 자세로 앉게 될 것이다. 이렇게 '맞추기'와 '이끌기'를 이용하여 다른 사람에게 영향을 주는 방법은 8장에서 더 자세히 설명하겠다. 에너지는 당신의 에너지뿐 아니라 주변 사람들의 에너지도 의미한다는 것을 명심하라.

어조

당신은 원래부터 큰 목소리로 자신 있고 강하게 말하는 사람일 수 있다. 설령 평소에는 그렇지 않은 사람일지라도 목소리를 높여 말해야 할 때가 있을 것이다. 당신이 원래 천천히 말하는 스타일이라면 필요한 순간엔 목소리와 속도를 높여라. 열정적이라는 명성이 있는 사람을 생각해 보고 그 사람이 회의에서 말하는 어조를 따라하라.

어휘

자신이 어떤 어휘를 주로 사용하는지 생각해보고 에너지가 넘치는 언어 습관을 키우도록 한다. 다음과 같은 단어가 도움이 될 것이다.

- 빨리

- 움직이다
- 속도
- 기한
- 바로
- 지금
- 즉시

에너지 비축하기

중요한 회의에 참석하려는 순간 휴대폰, 자동차 열쇠 같은 중요한 물건을 빠뜨렸다는 것이 떠오를 수 있다. 그런데 그 물건을 좀처럼 찾을 수 없었던 경험이 있는가? 시간은 흘러가고 마음은 급해질 것이다. 당황하여 여기저기 뒤져보고 컴퓨터 가방에서 물건을 다시 꺼내 확인해보는 그 장면은 혼란 그 자체다. 찾으면 찾을수록 희망이 점점 빠르게 사라지는 것 같다. 이러한 상황일수록 아무것도 하지 않는 것이 가장 효과적이다. 다음에 그런 상황이 생긴다면 어떻게 하는 것이 좋을까? 물건을 잃어버린 것이 아니므로 그것은 어딘가에 있을 것이고, 단지 그 순간 어디에 두었는지 생각이 안 날 뿐이라는 점을 명심하라.

멈추고 생각하라. 당황 모드는 문제 해결에 전혀 도움이 되지 않는다. 우선 현재 상태에서 벗어날 수 있도록 와이퍼로 마음을 닦아낸다. 찾고 있는 물건을 마지막으로 언제 보았는지 떠올려라. 그 물건을 손에 들고 있는 자신의 모습을 떠올리고 그 그림 안으로 들어가자. 마음의 눈으로 주변을 둘러보고 자신이 어디에 있고 무엇을 하고 있는지 확인하라. 그리고 계속 그 장면 속에 머물러라. 그 물건을 손에 쥐고 '이 물건을 찾으려면 어떻게 해야 할까?' 하고 질문한다. 이렇게 차분하게 물건을 찾는 과정이 훨씬 효과가 있음을 알게 될 것이다. 이제 정신없이 방을 뒤질 필요가 없으며, 에너지를 다른 용도로 비축해둘 수 있다.

"당신은 어디든 주차할 수 있다."

시간이 촉박해 빨리 주차해야 하는데 주차할 자리가 없어 몇 번이나 주차장 주위를 빙빙 돈 적 있는가? 당신이 이 상황을 통제할 수 있다면 스트레스가 줄어들고 더 중요한 일에 에너지를 쓸 수 있다. 이제 집을 나서거나 운전대를 잡을 때 어디에 주차하고 싶은지 미리 생각해보라. 매우 구체적으로 정확한 주차지점을 떠올려라. 특정한 건물 앞인가? 어느 길에 있는가? 마음의 눈으로 그 자리를 확인한다. 도착하는 순간 당신은 그 자리에 주차를 할 수 있다. 이제 남은 일은 차에서 내려 문을 잠그고 주차장을 나오는 것뿐이다. 주차 공간이 당신을 기다리고 있음을 알기 때문에 당신은 다른 일에 더욱 집중할 수 있다.

《행운의 책 : 원하는 대로 성공과 삶을 만들 수 있는 놀라운 방법(Book of Luck : Brilliant ideas for creating your own success and making life)》 중에서

무슨 일을 어떻게 하든 당신은 우주의 에너지와 자기 믿음의 닻을 이용하여 모든 기대를 넘어설 수 있다.

제7장

아이디어를 창출하는
호기심

"지도는 영토가 아니다"

NLP의 위대한 전제 중 하나는 '지도는 영토가 아니다.'이다.
자신의 현재 위치, 하는 일, 행동을 분명하게 알고 있다고 생각해도,
자신의 일을 얼마나 사랑하는지와 상관없이
실제 삶에는 더 큰 무언가가 있다는 것을 알려주는 전제다.
세상에는 항상 기대하지 않았던 일들이 존재하며,
알려진 사실보다 알려지지 않은 사실이 더 많다.
알려지지 않은 세계에 다가가려면 어떻게 해야 할까? 호기심이 바로 그 답이다.
그렇다면 이제 영토로 가기 위한 탐험을 시작해보자.

호기심은 무엇을 의미하는가

　내 고객 중에 큰 성공을 거둔 기업의 경영자가 있다. 그는 사무실 안에서보다 밖에서 일하는 것을 좋아한다. 해외 출장을 다니면서 전시회를 보며 공급업체를 방문하고 고객들과 이야기를 나누면서 자신이 모르는 사실을 발견하고자 한다. 그는 새로운 변화에 대한 아이디어를 가득 얻고 회사로 돌아온다. 그의 회사는 지속적으로 혁신을 추구하며, 더욱더 강력해지고 있다.

　반면 90년대 중반 나와 일하던 고객과 같은 경우도 있다. 그 고객은 스코틀랜드의 니트 의류 방직 회사를 운영하며 수년 동안 고급 백화점에 제품을 공급하고 있었다. 그는 워커홀릭 수준이라 사무실에서 살다시피 했고, 그동안 검증된 방법만을 도입해 회사를 경영했다. 또한 스코틀랜드에서 방직 공장들이 사라질 시기를 전혀 예상하지 못했고, 아시아에서 들어온 저렴한 니트에 고객들이 끌리지 않을 것이라고 굳게 믿고 있었다. 그러나 불행히도 세상은 점차 변하기 시작했다. 품질보다 비용이 더 중요해졌고, 변화를 받아들인 중국 제조사들은 품질도 향상시킬 수 있었다. 그의 사업은 급속도로 쇠락해 결국 공장 문을 닫아야 했다.

최고의 기업은 끊임없이 바깥 세계에 관심을 갖고 있어야 한다. 따라서 최고의 기업은 새로운 기회를 받아들이고 새로운 것을 시도하고 도전하려는 인재를 적극적으로 찾으려고 한다. 좋은 인재에서 뛰어난 인재가 되고 싶다면 현재에만 안주하지 말고 새로운 아이디어를 향해, 넓은 세상을 향해 나가야 한다. 존 A. 쉐드는 "정박 중인 배는 안전하지만 그것은 배가 만들어진 목적이 아니다."라고 말했다.

천성적으로 변화와 새로운 것에 이끌리는 사람들이 있다. 구글은 기

기업에서 성공하는 사람의 자질 중 가장 중요한 것이 호기심이라고 말한다. "나는 최고의 인재는 배움을 즐기는 사람이라고 생각한다. 그들은 호기심이 크든 작든 자신이 조직에 변화를 가져올 수 있다고 생각한다. 최고의 인재는 함께 일하는 순간부터 이러한 특성이 잘 드러난다. 그들의 배우고자 하는 의지는 일뿐 아니라 개인 생활에서도 잘 나타난다. 그들은 새로운 스포츠나 악기를 열심히 배운다. 그러한 성격은 봉사활동, 사교 모임, 교회, 가족과 친구 모임 등에서 확연히 드러난다. 그들은 항상 바쁘고, 그런 상태를 즐긴다.

사람을 채용할 때 직무에 맞는 기술과 전문성을 갖고 있는지가 중요하지만 나는 우선적으로 배우고자 하는 열정과 성장과 발전에 대한 의지가 있는지 본다. 그런 사람들은 야망이 크고 성공하고자 하는 열망이 강하다. 그들은 자신의 지위나 직급 때문에 일하지 않는다. 그들은 진심으로 배우고, 기여하고, 인정받기 위해 일한다."

MWV의 유럽 인사 담당 데이비드 애피셀라 이사

술자들이 업무시간의 20%를 열정을 느끼는 분야에 자유롭게 사용하도록 한다. 미지의 길을 가고 호기심을 충족시킬 기회를 통해 애드센스(AdSense : 온라인 광고 서비스)나 오르컷(Orkut : 소셜 네트워크 커뮤니티)과 같은 새로운 사업이 탄생할 수 있었다고 믿기 때문이다. 영국의 글로벌 가전 기업의 대표 제임스 다이슨은 "나는 실수를 사랑한다. 실수가 가장 많은 사람이 가장 높은 점수를 받는다. 그들은 새로운 시도를 했고 새로운 발견을 했기 때문이다"라고 말했다.

호기심을 키우기 위해, 또는 호기심을 통해 열정을 느끼려면 다음의 표를 채우면서 호기심이 무엇을 의미하는 것인지 알아보라. 이 방법은 NLP에서 사용하는 데카르트 좌표를 바탕으로 고안된 것이다. 나는 사람들의 생각 영역을 넓히고 호기심이 없었을 때 나타나는 결과를 알려주기 위해 이 표를 자주 사용한다. 호기심이 없다면 회사, 고객, 수익성, 개인의 발전, 해고, 이익 증대, 직무 교육의 기회 등에 어떤 영향을 미칠까? 표의 질문에 답하면서 생각해보자.

당신은 호기심이 많고 변화를 추구하는 것을 좋아해서 항상 새로운 아이디어를 제시한다. 그럴 경우에는 어떤 일이 일어나지 않을지 적어본다.

① _____

② _____

③ _____

④ _____

⑤ _____
⑥ _____
⑦ _____
⑧ _____
⑨ _____

당신은 호기심이 많고 변화를 추구하는 것을 좋아해서 항상 새로운 아이디어를 제시한다. 그럴 경우에는 어떤 결과가 나타날까?

호기심이 많을 경우 어떤 일이 일어날지 적어본다.

① _____
② _____
③ _____
④ _____
⑤ _____
⑥ _____
⑦ _____
⑧ _____
⑨ _____

당신은 호기심이 없고 변화를 추구하는 것을 싫어하며, 새로운 아이디어를 제시하지 않는다. 그럴 경우에는 어떤 일이 일어나지 않을지 적어본다.

① _____

② _____

③ _____

④ _____

⑤ _____

⑥ _____

⑦ _____

⑧ _____

⑨ _____

당신은 호기심이 없고 변화를 추구하는 것을 싫어하며 새로운 아이디어를 제시하지 않는다. 그럴 경우에는 어떤 결과가 나타날까?

호기심이 없다면 어떤 일이 일어날지 적어본다.

① _____

② _____

③ _____

④ _____

⑤ _____

⑥ _____

⑦ _____

⑧ _____

⑨ _____

표의 질문에 답해보면 호기심이 개인과 팀, 회사의 가치를 증대시킨다는 것을 깨달을 수 있다. 울타리 밖의 삶에 관심이 없다면 동료와 경쟁사가 무엇을 하고 있는지 알기 힘들고, 이는 당신과 회사를 뒤처지게 만든다. 당신은 이미 새로운 아이디어를 찾는 데 능숙하고 혁신의 선두에 서 있을 수도 있다. 만약 아니라면 그런 사람을 알고 있는가? 그런 사람이 쉽게 떠오르지 않는다면 지금 바로 롤모델을 찾아야 할 때다.

Insight in story

한 서비스 회사는 엄청난 변화를 겪고 있었다. 고객들이 비용 절감을 원하면서 시장 상황이 어려워졌고, 직원들은 급여와 보너스 인상을 요구했다. 프로세스와 시스템을 개선하고 기술 개발을 통해 매출을 극대화하는 것만이 문제를 해결할 수 있는 방법이었다. 팀의 일원인 피터는 그러한 혁신에 전혀 관심이 없었다. 자신의 방식대로만 일하려고 하며, 혁신이 가져올 장점들에 전혀 관심을 갖지 않았다. 그는 과금 시스템을 개선하기 위해 만들어진 사내 소프트웨어의 사용을 꺼려했고, 공통의 업무 방법과 절차를 따르지 않았다. 오로지 과거의 방식대로만 일하는 유일한 직원으로 남았다. 그는 컴퓨터, 이메일, 소프트웨어를 사용하지 않았고 새롭게 도입되는 방식을 알려고 하지 않았기 때문에 회사 내 주류에서 밀려나고 말았다.

피터가 새로운 변화를 수용하도록 설득할 수 있는 사람도 없었다. 피터 때문에 회사는 오히려 불편을 겪었다. 그럼에도 그는 배우고자 하는 의지가 없었기 때문에 언제나 과거의 업무 방식만을 고수했다. 결국 회사에 적응 못한 피

터는 해고되었고, 이후 다른 직장도 구할 수 없었다. 세상은 바뀌었고 그는

바뀐 세상을 알려고 하지 않다가 혼자 뒤처졌기 때문이다.

성과를 창출한 롤모델

기업들은 경쟁사들이 무엇을 하고 무엇을 성취하는지 살펴봄으로써 성공을 모색하고 있다. 경쟁사가 효과적인 프로세스나 브랜드 전략 등을 사용하면 그들을 모방하거나 자사의 방식을 수정해 변화를 도모할 수 있다. 한때 일본의 제조 방식이 유럽에서 크게 유행하며 제조업의 보편적인 방식으로 인식 되었다. 이처럼 기업들은 우수하다고 생각되면 그것을 자신의 것으로 바로 흡수한다.

성공한 사람들에게 롤모델이 있는지 물어보면, 그들은 보통 가족을 비롯해 과거나 현재의 위대한 인물을 언급한다. 우리는 이렇게 다른 사람들의 생각과 행동에 존경심을 표하고 그들에게 배울 점을 취하고자 한다. 그러기 위해 우리는 그들이 어떤 말을 하는지 주의 깊게 듣기도 하고, 그들이 회의와 협상에서 어떻게 행동하는지 자세히 살펴본다. 우리는 그들처럼 되고 싶어하며 그들과 같은 성과를 얻고 싶어한다. 모방은 가장 솔직한 존경의 표현이다. 다른 사람의 장점을 정확하게 포착하여 자신에게 적용할 줄 아는 능력을 갖춘다면 좋은 인재에서 뛰어난 인재로 가는 길이 한층 쉬워질 것이다.

당신의 롤모델은 누구인가?

당신이 생각하는 가장 위대한 발명가, 탐험가 또는 위험을 무릅쓰고 새로운 도전을 한 사람을 세 명 골라보도록 하자. 제임스 다이슨(James Dyson, 글로벌 가전기업 다이슨의 CEO), 리처드 브랜슨(Richard Branson, 버진 그룹의 회장), 팀 스미트(Tim Smit, 세계에서 가장 큰 온실인 에덴 프로젝트 CEO) 같은 경영자도 좋고 사이먼 코웰(Simon Cowell, '브리티시 갓 탤런트'의 독설 심사위원), 데이비드 베컴, 피터 안드레(Peter James Andrea, 영국의 아이돌 스타)와 같이 자신의 입지를 굳혀 스스로 브랜드가 된 유명인도 좋다. 마하트마 간디, 넬슨 만델라, 존 로지 베어드(TV를 최초로 상업화한 사람)처럼 역사의 흐름을 바꿔놓은 위인들도 있다.

그런 다음 같이 일했던 동료나 상사, 학교 동창, 가족이나 친척 중 훌륭한 사람 세 명을 꼽아본다. 아무도 생각하지 못했던 일을 해내거나 왕성한 호기심으로 기존의 틀에서 벗어난 사람들이 주변에 있을 것이다. 각 그룹에서 한 사람을 골라 그 사람의 뛰어난 점을 본받자고 결심하라.

당신의 자질과 행동을 변화시킬 수 있는 가장 좋은 방법은 롤모델을 찾는 것이다. 우리는 호기심을 갖고 끊임없이 탐구하며 위대한 결과를 창출하는 사람을 찾아야 한다. 그 사람이 모든 분야에서 뛰어날 필요는 없다. 그 사람은 협업이나 의사결정에 취약할 수도 있지만, 그런 부분은 무시하도록 하자. 우리는 그들이 호기심을 활용하여 새로운 차원의 업무를 해내는 방법에 관심을 가져야 할 것이다.

먼저 당신이 선택한 역사 속 인물, 크게 성공한 기업인, 또는 유명인 롤모델을 살펴보자. 그들의 업적을 그대로 재현해보기는 어렵고, 그들과 직접 대화할 기회가 있는 것도 아니다. 그러나 그들에 대한 자세한 정보는 충분히 구할 수 있다. 시간이 날 때 인터넷을 통해 그들에 관해 조사해보자. 그들은 어떤 혁신과 변화를 가져왔는가? 그들이 어떻게 목표에 도달했으며, 그들에게 그 목표가 중요한 이유는 무엇인지, 목표를 달성하기 위해 어떤 능력이 필요한지 공부하라.

또한 롤모델로 정한 주변의 지인을 관찰해보라. 당신의 라포 형성 기술을 활용해 그들과 이야기 나눌 기회를 마련하고, 그들이 호기심을 어떻게 활용했는지 알아보라. 그리고 구체적인 방법을 물어보고 답을 끌어내라. 당신은 한 차례 만남을 통해 필요한 정보를 모두 얻을 수도 있고, 그들과 여러 번 이야기를 나누면서 차차 알아갈 수도 있다. 또한 시각 중심적인 사람에게 청각 중심적으로 대하지 말고, 청각 중심적인 사람에게 시각 중심적으로 표현하지 않도록 주의한다.

그들의 호기심에 초점을 맞추고 그들이 어떠한 상황에서 호기심을 활용했는지 생각해보라고 말한다. 그리고 현재형으로 여러 가지 질문을 던져라. 질문의 예는 다음과 같다.

- 어떤 생각이 들 때 호기심이 커집니까?
- 새로운 가능성을 구체적으로 어떻게 찾게 되십니까?
- 모든 새로운 요소를 어떻게 연결할까요?

- 당신에게 중요한 것은 무엇입니까?

- 이 일을 하는 목적은 무엇입니까?

- 구체적으로 어떤 방법으로 일하십니까?

- 목표를 달성했을 때 어떤 결과가 나타납니까?

- 자신에 대한 어떠한 믿음이 있습니까?

답변을 성실히 기록하고, 그들의 전략이 무엇인지 파악하라. 이제 그들의 호기심 전략을 자신에게 적용할 수 있다. 그 전략이 자신에게 효과가 나타나도록 업무 방법에 적용해보자.

새로움에 적응하기

우리가 사는 디지털 세계에서는 새로운 기술을 적극적으로 수용하며, 소셜 네트워크 서비스(SNS, Social Network Service)의 장점을 활용하는 사람이 앞설 수 있다. 내가 말하는 SNS는 페이스북에서 나누는 잡담을 의미하는 것이 아니다. SNS를 차별화된 방법으로 활용하여 업무 방식에 혁신을 일으키는 것을 이야기하고자 한다. 오늘날처럼 빠르게 돌아가는 세계에서 변화에 적응하지 못하는 기업은 외부 환경의 변화에 적응하지 못해 멸종한 공룡처럼 설 자리가 없다.

비즈니스 SNS로 최고의 자리를 차지하고 있는 링크드인(LinkedIn, www.linkedin.com)을 보자. 링크드인은 직업인들이 서로 인맥을 쌓고 이익 집단을 형성하면서 가치를 증대시키는 세계적인 웹 사이트다. 링크

Insight in story -

UK PLC에서 근무하는 재무이사 마이크는 항상 성공을 위해 노력하는 사람이었다. 그는 재무에 뛰어난 역량이 있었고 직원 관리 능력도 탁월했다. 그런데 그의 상사는 마이크가 회사의 가치를 증대시키는 능력에 대해 확신하지 못했고, 이를 평가하기 위해 적성검사를 했다. 언어 추론 검사 결과는 좋지 않았다. 그의 점수는 하위 3%였는데, 이 결과는 자신의 의사를 표현하고 명확하게 전달하는 능력이 다른 사람보다 훨씬 취약하다는 것을 의미했다.

마이크와 이야기를 나눠본 결과 그는 신문이나 책도 읽지 않는다고 대답했다. 그는 TV를 즐겨 시청하는 반면, 독서는 전혀 하지 않아 말과 글에서 모두 자신을 표현하는 데 서툴렀다. 게다가 자기계발을 하지 않았고, 더 높은 직급에 필요한 폭넓은 지식을 갖추지 못했다. 스스로 자신의 자질이 원래 그 정도라고 생각했기 때문에 그의 경력은 거기서 더 발전하지 못했던 것이다.

드인을 통해 최고의 효과를 창출하는 기업이나 개인을 찾아 그들의 전략을 어떻게 적용할 수 있는지 생각해보라. 최고의 기업이나 개인을 롤모델로 삼아 노력한다면 이는 성공의 지름길이 될 수 있다. 이렇게 다른 사람을 롤모델로 삼아 따라하는 것은 그 사람의 성공 방식에 호기심을 갖는 것부터 시작된다.

트위터는 140자 이하의 메시지를 작성해 '팔로워'들에게 전달하는 세계적인 SNS이다. 팔로워가 많다면 당신의 메시지가 많은 이에게 전달될 것이고, 많은 이를 팔로잉하면 다른 사람들의 세계를 들여다볼 수 있다. 트위터는 주로 정보를 공유하고 도움과 조언을 얻기 위해 사용되지만, 한편으로 브랜드와 기업을 성장시킬 수단으로 사용되는 비중도 늘고 있다.

과일음료 회사인 이노센트드링크Innocent Drinks는 트위터를 통해 음료의 독특한 스타일을 알리고 있으며, 마케팅 부서들도 점차 트위터의 힘을 인식하고 있다. 트위터를 우습게 보는 사람들도 있고, 트위터에 집착하는 이도 많다. 다양한 정보를 바탕으로 트위터에 대한 올바른 시각을 확립하고 싶다면, 호기심을 동원하여 트위터가 무엇인지 파악하라. 삶에 경계선이 없듯이 트위터에도 경계선이 없다. 트위터 전문가들을 찾아 그들이 어떻게 트위터를 활용하는지 살펴보라. 굳이 글을 남기지 않더라도 트위터가 자신에게 도움이 될지 실험해보는 것도 좋다. 물론 호기심을 갖는다고 항상 긍정적인 결과가 나오는 것은 아니다. 그러나 호기심을 통해 상사와 동료들에게 당신이 주변 일에 관심이 많고 열린 자세를 갖고 있음을 보여줄 수 있다. 팀원들은 항상 새로운 아이디어와 계획을 제안하는 당신을 보면서 롤모델로 삼을 것이다.

호기심의 적은 습관이다

당신은 버스나 지하철을 타면 음악을 듣는가? 아니면 책을 읽거나 잠을 자는가? 옆에 앉은 사람을 보며 그들의 일상은 어떨지 궁금해하기도 하는가? 소소한 일상에서도 호기심을 갖고, 호기심이 점점 커지도록 하라. 발명과 창조, 그리고 생명을 살리는 치료법은 모두 호기심에서 나온다.

"'고양이는 호기심 때문에 죽지만 만족감이 그 고양이를 되살려놓는다.'라는 옛 속담이 있다. 그러나 오늘날 만족감은 고양이를 거만하게 만들며 살찌게 한다. 호기심은 조직과 개인에게 생명줄이나 다름없다. 호기심 덕분에 겸손한 마음 가짐을 갖게 되고 현실 감각, 집중력, 활력을 유지하고 위험을 감수할 준비를 할 수 있다. 또한 다른 사람들이 미처 깨닫지 못한 기회를 포착할 수 있다."

클레어 하워드(아카데미 28)

호기심 연습하기

이제 예전에는 무심코 지나쳤던 것들을 인식하는 능력을 키우겠다고 결심하고 간단한 방법으로 연습해 자신을 시험해본다. 예를 들어 지난 열흘 동안 참석했던 회의 중 하나를 떠올려보라. 그 회의에 누가 참석했고, 참석자들은 어떤 옷을 입었으며, 어디에 앉았고 어떻게 생겼는지 떠올려본다. 그들의 눈빛은 어떠했는가? 이렇게 연습을 계속 해볼수록 점점 구체적으로 기억할 수 있게 된다. 당신이 기억력이 좋아져서 그런 것이 아니라 관찰력이 좋아지는 것이다. 더 많은 내용을 기억할수록 더 큰 영감을 받을 수 있다.

다른 사람 관찰하기

몸짓 언어는 누군가가 팔짱을 끼고 있을 때 그 사람이 방어적이라 추측하는 것 이상을 의미한다. 다른 사람들의 미묘한 변화를 관찰해보라. 감정의 변화는 얼굴빛, 근육의 느낌, 호흡 방식과 속도, 아랫입술의 모양과 눈빛에서 드러난다.

다음 표는 다른 사람들을 관찰할 때 참고가 되는 내용이다. 이 내용을 다음 경영진 회의나 영업회의에서 꺼내보지 않아도 될 정도로 머릿속에 담아둔다. 머릿속에 기록해두고 이 내용이 필요하면 떠올려보라.

우리는 누군가가 얼굴을 붉히거나 창백해지는 것을 알아챌 수 있다. 호기심이 매우 왕성한 사람은 미묘한 변화를 인식하고, 상대방의 말과 행동에 어떠한 영향이 생기는지 포착할 수 있다.

계속 자신에게 이런 질문을 해라.

근육		
긴장되어 있음	....	풀려 있음
호흡		
빠름	....	느림
호흡의 깊이 (얕은 호흡 또는 깊은 호흡)		
깊음	....	얕음
집중도		
집중	....	산만
눈빛		
예리함	....	초점이 흐림
동공		
확장되어 있음	....	축소되어 있음

"이 사람은 나의 말에 어떻게 반응하고 있는가?"

그러면 상대방의 세계에 좀 더 미세하게 주파수를 맞출 수 있다.

습관 버리기

호기심의 적은 습관이다. 그러나 우리는 습관의 동물이며, 일상의 반복된 생활에 안주하며 살려고 한다. 그중에 불편한 것이 더 편하게 느껴지는 사람들은 자신을 미지의 상황으로 몰고 간다. 익숙함에서 멀어질수록 새로운 일이 벌어질 수 있다. 나는 비행기를 타는 대신 노를 저어 대서양을 횡단하라고 제안하는 것이 아니다. 작은 습관들에서 벗어나

려고 노력하며, 삶의 변화를 추구해보라. 예를 들어 다음과 같은 시도
를 해보자.

- 다른 신문을 읽는다.
- 다른 경로로 출근한다.
- 다른 장소에서 식사한다.
- 다른 요리를 한다.
- 다른 라디오 채널을 듣는다.
- 보통 때는 거절하던 초대에 응한다.
- 피하던 사람과 대화를 나눈다.
- 사무실의 다른 자리에서 일한다.
- 매일 다른 웹 사이트를 방문한다.
- 매주 링크드인 인맥을 다섯 명씩 늘린다.
- 매주 한 권씩 책을 읽는다.
- 매주 다른 분야의 전문 잡지를 읽는다.

호기심을 가지면 새로운 아이디어에 대한 정보를 접할 수 있다. 모든 상사는 부하들이 혁신적인 업무 방식으로 일하고 회사의 가치를 높이기를 바란다. 외부에 시선을 돌림으로써 당신은 새로운 시각을 가져올 수 있다.

주변에서 벌어지는 일을 잘 파악할수록 다

> "당신은 모든 것을 알지 못한다. 앞으로도 모든 것을 절대 알 수 없을 것이다. 모르는 것은 괜찮다. 대신 질문하고, 조사하고, 배워라."
> 가레스 제임스(피플플러스)

른 사람에게는 없는 식견을 갖추게 된다. 또한 인맥을 확장할 수 있는 모임에 참석하게 되면 다른 사람보다 더 다양한 성공의 수단을 가지게 될 것이다.

지도는 영토가 아니다. 당신은 지금보다 훨씬 더 많은 것을 배우고, 보고, 나눌 수 있다.

제8장

인정받기 위한
의사소통

"의사소통은 상대의 답변을 듣는 것이다."

"우리는 항상 의사소통하고 있으며,
의사소통의 의미는 답변을 듣는 것이다.
말의 내용과 방법을 바꾸면
상대방의 답변은 기대 이상으로 긍정적일 것이다."

의사소통에 뛰어난 사람은
어떻게 다른가

우리 삶에서 의사사통은 항상 필요하다. 통신 기술의 발전으로 긴밀한 의사소통에 대한 기대감은 더욱 커졌다. 이제 지인들과 연락이 두절되는 일은 거의 없다. 문자 메시지, 이메일, 전화, 페이스북이나 트위터 같은 소셜 네트워크 서비스를 이용하여 우리는 다른 사람들과 항상 소통하고 있다. 마음만 먹으면 언제든 서로 연락하고 업무를 파악할 수도 있다. 그러나 잘못된 메시지를 보내거나 메시지가 정확하더라도 부적절한 어조로 보낼 때에는 역효과가 생길 수 있다.

이제 일을 잘하는 것만으로는 충분하지 않으며, 일을 잘한다고 인정받아야 한다. 이를 위해서는 의사소통이 중요하다. 때로는 말하고자 하는 의도를 상대방이 이해하지 못할 수도 있다. 듣는 것은 말하는 것만큼이나 중요하다. 언어뿐 아니라 비언어적 의사소통의 모든 요소를 통해서도 효과적으로 의견을 전달할 수 있다.

상사가 내일 아침 8시에 회의가 있다고 말했을 때 '좋습니다'라고 답했다고 가정해보자. 당신이 웃음을 띠며 신나게 대답했다면 만족스러운 상태를 나타내는 것이다. 그런데 시선을 아래로 하고 한숨 쉬듯 답을 내뱉었다면 '좋습니다'라는 말과 정반대의 뜻을 표현한 것이다. 의사소통은 다양한 의미를 내포하는 미묘한 기술이라 할 수 있다.

의사소통에 뛰어난 사람은 함께 일하는 사람들을 잘 이해한다. 그들은 무엇이 잘못될 수 있는지 예상하며, 문제를 바로잡고자 적극적으로 노력한다. 현재 의사소통을 얼마나 잘하느냐에 관계없이 이번 기회를 통해 의사소통 능력을 새로운 시각에서 바라보라. 이 장에서는 가장 효과적인 의사소통 방법을 찾기 위한 지름길을 안내하는 새로운 이정표들이 등장한다.

의사소통의 구조

의사소통은 언어보다 범위가 넓은 영역이다. 캘리포니아 대학의 앨버트 메라비언 교수는 1996년에 발표한 〈침묵의 메시지Silent Message〉라는 제목의 논문에서 화자의 말 자체는 말하는 방법과 말하는 모습보다 영향력이 훨씬 작다고 주장했다.

간단히 정리하면 사용하는 언어의 의미는 화자의 행동, 어조, 음높이, 말과 함께 전달하는 무언의 메시지에 따라 바뀔 수 있다는 것이다. 어떤 일을 하기로 합의했어도 시간 내에 끝낼 수 있을지 확신이 없다면, 설령 가능하다고 말해도 자신감과 열정을 온전히 전달할 수 없다. 감정은 말에 미묘하게 드러나기 마련이며, 언어를 압도한다. 의도하는 메시

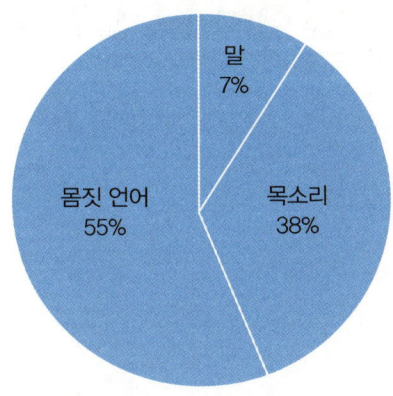

말
7%

몸짓 언어
55%

목소리
38%

지를 정확하게 전달하려면 말이나 행동 중 어떤 것이 의사소통을 방해하는지 찾아야 한다.

　의미 있는 의사소통을 하려면 노력과 인내심이 필요하며, 탄탄한 라포가 기반이 된다면 즉각적인 효과를 거둘 수 있다. NLP의 매력은 배우는 데 오래 걸리는 프로그램이 아니라는 점이다. 변화는 즉시 일어날 수 있으며 가시적인 성과를 확인할 수 있다.

유대감을 위한 라포 형성하기

4장에서 살펴보았듯이 누군가와 돈독한 유대감을 가지려면 우선 라포를 형성해야 한다. 라포 형성에 대해 알아보자. 라포의 목적은 의식을 넘어서 무의식과 소통해 상대방이 거리낌 없이 나의 의견을 수용하도록 하는 것이다.

무슨 일을 하든 주변 사람들과 원만한 관계라면 일이 훨씬 쉬워진다. 그렇다고 반드시 가장 친한 친구가 될 필요는 없다. 단지 꼭 해야 할 일은 함께 일하기 위해 공동의 이해를 쌓는 것이다. 물론 그런 과정을 통해 자연스럽게 상대방과 관계가 좋아지기도 한다. 그렇게 자연스럽게 우호적인 관계로 발전시켰던 경우를 어려운 상황에 대입해보라. 원만한 관계를 주도하는 적극적인 사람이라면 주변 상황 또한 어렵지 않게 이끌 수 있다. 주도적인 위치에 있다는 것은 상황을 통제할 수 있다는 것이며, 이후 세상이 다르게 보일 것이다.

누군가와 라포를 쌓으려면 반드시 그 사람을 좋아해야 하는 것은 아

Insight in story

나는 헤드헌팅 업무를 하면서 런던의 올리비아와 회의를 한 적이 있다. 합작회사 설립 가능성을 논의하는 자리였다. 그런데 당황스럽게도 그녀는 내 행동을 정확하게 따라하고 거울처럼 반응했으며 나의 말 속도와 같은 속도와 어조로 말했다. 또 세세한 질문을 통해 나와 공통의 관심사가 있는 영역을 찾아내려고 했다. 가족 관계와 취미에 대해 묻고 우리 둘 사이의 공통점을 강조했다. 15분 정도 대화를 나누었을 때 그녀는 손뼉을 치며 "좋습니다. 우리가 친밀한 관계가 된 것 같은데 이제 본론으로 들어가 볼까요?"라고 말했다.

나중에 그녀가 NLP 강의를 하루 들은 적 있고, 자신에게 도움이 되도록 라포를 사용하기로 했다는 사실을 알게 되었다. 그러나 그녀는 내 행동을 자연스럽게 자기 스타일로 흡수하지 못했고 어색한 분위기만 조성되었다. 당연히 나는 그녀와 합작회사를 설립하지 않았다.

니다. 사실상 누군가와 잘 지낸다는 것은 사람을 좋아하는 것 이상을 의미한다. 우호적인 관계는 존중과 믿음을 바탕으로 차이점을 수용할 때 이루어진다. 관계를 발전시키고자 노력한다면 서로 존중하게 될 것이고, 이는 성공적인 업무를 위한 초석이 된다.

의사소통을 위한 라포 형성

탄탄한 관계를 쌓으려면 라포에 대한 정확한 인식이 뒷받침되어야 한다. 동료와 조직의 가치에 관심을 갖고, 편안함을 느낄 때 동료, 상사와의 관계가 강화된다. 동료와 유대감을 쌓고 공통점을 찾는 기본 조건은 이미 현재의 직장에서 갖추고 있을 수도 있다. 그곳에서 일한다는 것은 이끌리는 점이 있다는 것이기 때문이다. 현재보다 더 큰 성공을 거두고 더 큰 영향력을 미치려면 더 많은 사람과 더 깊은 라포를 쌓아야 한다. NLP는 당신을 한 단계 더 나아가도록 도와줌으로써 적극적으로 라포를 발전시키고 확장하는 데 필요한 기법을 가르쳐줄 것이다.

라포 형성의 첫 출발점

친구들이 편안한 분위기에서 담소를 나누는 모습을 관찰해보자. 그들은 아마 서로 같은 행동을 하고 있을 것이다. 같은 자세로 앉아 있고, 같은 목소리의 높낮이와 음색을 사용할 것이다. 또 무의식적으로 서로 동작을 맞추고 거울처럼 반응한다. 사용하는 말투도 같을 수 있다. 그들은 각자 미처 깨닫지 못하고 있지만 이미 깊은 라포를 형성하고 있는 것이다. 서로 간에 신뢰감이 생기면 자유롭게 대화를 나누면서 라포를 형성한다. 이러한 특징을 고객이나 동료들과의 회의에 적용한다면 어떤 이점이 있을까?

라포를 의식의 차원으로 끌어올려 누구를 만나든 라포 형성이 첫 출발점이 된다는 점을 인식하면 모든 차원에서 가치를 높일 수 있다. 라포의 형성 과정은 편하고 자연스러워야 한다. 즉, 교묘히 관계를 주도하고 있다는 느낌을 주지 않으면서 쌍방에게 도움이 되도록 해야 한다.

사람들과 쉽게 가까워지려면 공통적인 관심사부터 찾아라. 같은 업종에서 일하는지, 같은 학교를 나왔는지, 같은 동네에 산 적이 있는지,

같은 지역을 여행한 적이 있는지 물어보라. 질문을 하다 보면 상대방에 대해 더 많이 알게 될 것이다. 그렇게 질문과 답을 주고받으면서 당신에 대한 이야기를 들려준다면 라포를 강화할 수 있다. 질문하고, 듣고, 공통점을 찾고, 서로에 대해 말하는 시간을 가져라. 이것이 당신과 상대방이 가까워지기 위한 과정이다.

Insight in story

헤드헌팅을 하던 중 나는 글래스고에서 온종일 임원 면접을 진행한 적이 있다. 그때 내가 찾는 자질 중 하나는 뛰어난 의사소통 능력이었다. 그 직책에는 규모가 큰 팀을 관리하고 고객을 응대하는 업무가 필요했기 때문이었다. 빌이라는 후보는 회의실에 들어와서는 나를 볼 필요도 없다는 듯 의자의 방향을 돌려 앉았다. 그는 면접 내내 창밖을 바라보았고, 회의실에 다른 사람도 앉아 있다는 것을 모르는 것처럼 행동했다. 그는 라포 점수로 0점을 받았으며, 결국 채용되지 않았다.

라포 형성을 위한
맞추기와 이끌기

몸짓 언어

몸짓 언어는 의사소통의 55%를 차지한다고 알려졌다. 상대방을 대할 때 몸짓 언어가 핵심적인 요소가 되도록 하는 방법을 알아보자. 우선 대화하는 상대방에 대해 '일치 시키기'를 사용할지 '거울 반응하기'를 사용할지 결정하라. '일치 시키기'는 상대방이 오른손을 올리면 당신도 오른손을 올리는 것이다. 반면 '거울 반응하기'는 상대방이 오른손을 올리면 당신은 왼손을 올리는 것이다. 상대방의 다음과 같은 몸짓 언어를 관찰하라.

- 자세
- 제스처
- 호흡

● 표정과 눈 깜박임

　여기서 중요한 것은 당신의 '일치 시키기'와 '거울 반응하기'는 의식 아래의 수준에 머물러야 한다는 점이다. 그렇지 않으면 상대방은 당신의 행동을 불쾌하게 생각할 수 있다. 상대방이 인식하지 못할 정도로 미묘한 행동의 변화가 필요하다. 몸짓 언어를 잘 사용하면, 서로 대화를 나눌 때 내면의 이야기를 하는 것처럼 느낄 수 있다.

　교복은 소속감을 느끼도록 만들어진 옷이다. 같은 옷을 입은 학생 간에는 저절로 공통점이 생긴다. 소속감은 직장에서도 중요하다. 회사의 모든 직원이 청바지와 티셔츠를 입고 있는데 당신만 양복을 입고 있거나 멋진 스커트에 하이힐을 신고 있다면 튀어 보인다. 일부러 다른 사람과 다르게 보이고 싶어 그럴 수도 있겠지만, 그럴 경우 같은 조직의 일원이라는 개념은 약해질 것이다. 주변 사람들을 바라보고 거울에 비친 당신의 모습도 보라. 달라져야 할 부분이 있는가?

　음식과 음료도 문제의 소지가 있다. 20년 전부터 채식을 하는 나는 식당에 함께 갈 때 다른 사람들에게 불편을 주지 않으려고 노력한다. 채식을 고집하는 것이 때로는 유난을 떠는 것처럼 보일 수도 있기 때문이다. 어떤 회사에서는 혈기왕성한 직원들이 엄청난 양의 레드 와인을 마시며, 새벽 4시까지 술자리를 즐긴다. 그들과 함께 즐길 체력이 뒷받침되지 않는다면, 그들과 친분을 유지하면서 그 자리를 적당히 빠질 수 있는 전략을 마련하는 것이 중요하다.

　나는 식당에 가면 아주 빠른 속도로 메뉴를 훑어보고 내가 먹을 수 있는 것을 찾아 주문하곤 했다. 이와 반대로 내가 컨퍼런스에서 만난 어떤 사람은 탄수화물 알레르기가 있다고 호들갑을 떨면서 아침식사로 쌀떡을 줄 것을 요구해 주최 측을 당황하게 만들었다. 그 결과 그는 기존에 쌓인 라포를 손상시켰다.

자신의 주량이 약할 경우 술자리에 참석하게 된다면 손에 물 잔을 들고 잔을 입에 대는 모습을 자주 보여주도록 하라. 그러면 다음 날, 동료들은 당신의 엄청난 주량에 존경심을 표할 것이다. 이로써 라포는 강해졌고, 나는 물을 잔뜩 마신 덕분에 좋은 평판을 얻게 될 수 있다.

은근한 도움 주기

누군가 회의에서 발표를 앞두고 있거나 남들 앞에서 무언가를 하기 전이라면 긴장감으로 인해 호흡이 빨라질 것이다. 그럴 때는 그 사람의 빠른 호흡을 따라하다가 점차 속도를 늦춰라. 이렇게 그 사람과 소통하면 상대방은 정상적으로 호흡하게 되고 발표에 대한 긴장감을 극복할 것이다.

볼펜 소리 없애는 방법

회의에서 누군가가 볼펜으로 딱딱 소리를 낼 때가 있지 않은가? 한번 그 소리가 들리기 시작하면 거슬리게 되고, 결국 집중이 안 돼 일을 제대로 할 수 없다. 그 사람이 상사나 고객이라면 볼펜을 내려놓으라고 말하기도 어렵다. 그럴 때에는 무언의 방법으로 볼펜 소리를 멈춰보자. 상대방이 의식하지 않도록 주의하면서 그가 볼펜을 움직일 때 당신은 책나는 매출 성장을 원하는 콜센터와 함께 일한 적이 있다. 업무 계획에 따르면 직원 수는 유지하면서 매출은 두 배로 늘려야 했다. 콜센터 측은 상담원의 목소리와 화법에 전적으로 집중하여, 결국 3주 만에 목표를 달성할 수 있었다.

나는 콜센터 상담원들에게 유연한 화법을 사용하고 절대 같은 표현을 두 번 사용하지 말 것을 당부했다. 심지어 '제 이름은 ~'와 같은 상투적인 표현도 사용하지 못하게 했다. 상담원들은 천편일률적인 표현 대신 '~에서 전화 드렸습니다'라든지 '처음 전화 드립니다. 저는 ~'와 같은 대안을 생각해야 했다.

이렇게 설득 화법을 다양하게 사용하자 영업의 신뢰성과 효과가 커졌다. 그뿐 아니라 부정 표현을 아예 사용하지 않도록 하여 상담원들은 '~는 좋지 않습니다' 대신 '저는 ~를 선호합니다'라고 능숙하게 말할 수 있게 되었다. 이 회사의 전략은 통화 수를 늘리는 것이 아니라 말하는 기술을 개선한 것이었으며, 그 전략은 성공적이었다.

상을 가볍게 두드린다. 볼펜의 리듬을 맞추다가 서서히 속도를 낮추고, 얼마 후에는 두드림을 멈춘다. 그 순간 볼펜의 움직임도 멎을 것이다.

목소리

목소리에서 집중해야 할 요소는 다음과 같다.

- **어조** 목소리의 높낮이

- **템포** 말하는 속도
- **음색** 목소리의 질감
- **크기** 목소리의 크기

목소리는 제2의 성격이다. 직접 만남에 도움이 될 뿐만 아니라, 전화 통화에서도 강력한 도구가 될 수 있다. 꼭 직접 만나야만 라포가 쌓이는 것은 아니다.

상대방의 음색, 목소리 크기, 어조를 주의 깊게 들어라. 같은 분위기의 목소리를 내면 그 사람의 목소리를 다시 들려주는 효과를 낼 수 있다. 그러면 상대방은 당신과 대화를 나누면서 금세 신뢰와 친근감을 느낄 것이다.

말

의사소통의 7%는 말로 이루어지며, 우리가 말하는 단어는 다음과 같이 분류할 수 있다.

- 동사
- 핵심어
- 공통의 경험과 연결고리
- 내용 덩어리

영업 직원에게 가장 까다로운 업무 중 하나는 제안서를 작성하는 것이다. 그럴 때 문서에 의사결정자가 잘 사용하는 단어나 어법을 반영하면 성공할 확률이 높아진다. 이 방법을 최대한 활용하려면 발표 내용을 사전에 논의하는 자리에서 상대방의 말을 들으며 발표에 사용할 문구와 단어를 메모해두어야 한다. 문장의 길이가 긴 게 좋은지 아닌지 확인하고, 제안서에 동일한 단어나 어법을 사용한다. 이렇게 하면 언어에 울림이 생기고, 청중은 이를 친밀하게 듣게 된다.

맞추기와 이끌기

일정 수준의 라포를 형성했다면 이제 섬세하게 시나리오를 마련하여 사람들을 당신의 영역으로 끌어들여야 한다. 이때 사용하는 방법이 '맞추기Pacing'와 '이끌기Leading'이다. 맞추기는 누군가에 대한 '일치 시키기' 기법을 사용하여 상대방의 속도를 따라가는 방법이다. 일단 '일치 시키기'를 계속하다 보면 충분한 라포를 쌓아 행동의 변화를 시도해도 좋을 순간이 온다. 그러면 이제 '이끌기'를 시작해 상대방이 이를 따라오게 한다. 맞추기와 이끌기의 성공은 이전에 쌓아온 라포의 질에 좌우된다. 속도가 너무 빠르거나 갑자기 달라지면 처음으로 돌아가서 다시 시작해야 하므로 라포에 안 좋은 영향을 미칠 수 있다. 맞추기와 이끌기의 공식은 다음과 같다. 원하는 상태에 이를 때까지 이 형식을 반복하라.

- 맞추기, 맞추기, 맞추기. 이끌기
- 맞추기, 맞추기, 이끌기, 이끌기
- 맞추기, 이끌기, 이끌기, 이끌기

라포 확인하기

적절한 수준의 라포에 이르렀는지 아닌지 어떻게 알 수 있을까? 마음이 별로 편하지 않고, 서로 통하는 느낌도 없고, 적절한 단어를 찾을 수 없을 때가 있다. 업무적인 대화는 어렵지 않게 나눌 수 있지만 분위기를 부드럽게 하는 유머, 다정한 대화, 개인적인 신뢰는 존재하기 힘들다. 그 결과 결정, 계획, 프로젝트, 단가, 사람에 대해 의도하는 방향으로 이끌지 못하면 사람들은 당신의 말을 이해하지 못할 것이다. 또한 동료들로부터 소외감을 갖게 되거나 대화와 모임에 끼지 못하는 느낌을 받을 수도 있다.

사람들과 신뢰관계를 쌓지 못하면 논쟁에서 과민하게 반응할 가능성이 커지고, 상황을 긍정적으로 받아들이지 않게 된다. 라포가 제대로 구축되지 않은 상태라면 상대방도 같은 방식으로 반응할 수밖에 없다. 이럴 때는 어떻게 라포를 발전시키고 영향력을 키워서 의사소통을 명확히 하면서 신뢰감을 가질 수 있을까?

회의실로 들어가기

회의실로 들어가서 어떻게 사람들과 어울려야 할지 망설인 적 있는가? 고객을 방문하고, 업무상 전화를 하고, 이사회에서 프레젠테이션을 하고, 처음으로 함께 일할 동료를 만날 때 기분이 어떠한가? 예전에 이메일이나 전화로만 연락하던 상대를 직접 만나게 됐을 때 어땠는가?

만나는 상대와 개인적 취향이나 업무상 공통점이 있다면 대화를 나누기 쉽겠지만, 공통의 관심사를 찾지 못할 경우에는 매우 어색할 수 있다.

동료나 고객들과의 회의를 통해 당신이 빛날 기회를 가질 수 있다. 회의 분위기를 장악할 기회라는 의미가 아니다. 회의는 사람들이 당신을 어떻게 생각하는지 정해지는 자리이며, 이 기회를 통해 많은 사람이 알게 될 것이다. 첫인상을 남길 기회는 단 한 번뿐이다. 좋은 첫인상을 남기려면 무엇을 해야 할까?

누군가와 원만하게 잘 지내는 상황을 생각해보자. 그 사람과는 깊은 유대감을 갖고, 긴밀히 일할 수 있으며, 함께 어울리고 이야기하기 편한 사이가 될 수 있다. 그 상황을 장면으로 떠올려보라. 무슨 일이 일어나고 있는가? 두 사람이 가까이 앉아서 같은 속도와 같은 크기의 목소리로 말하는가? 좋은 관계는 당신의 말뿐만이 아니라 말하는 방식이나 말할 때 보이는 모습을 통해 형성된다. 이 사항을 명심했을 때 당신의 근무 환경에 어떤 긍정적인 변화가 일어날지 상상해보라. 당신은 상사, 동료, 고객, 협력 업체, 학생들을 대하는 방법을 향상시킬 수 있다.

차이점을 건설적으로 이용하라

기업은 때때로 논쟁이나 열띤 토론, 의견 교류 등이 아드레날린처럼 샘솟을 때 발전할 수 있음을 명심하라.

모든 회의가 건설적이기만 한 온화한 조직에서 일하면 어떨까? 가끔 조화로움을 깨게 되면 의도적으로 회의에 활력을 불어넣을 수 있어 좋다. 어떻게 하면 될까? 목소리를 경쾌하게 바꾸고, 말의 속도를 빠르게 하며, 의자에 기대어 앉아 남들과 다른 행동을 함으로써 라포를 깨뜨리면 된다.

침묵이 말보다 강하다

모두 '훌륭한 커뮤니케이터'를 채용하고 싶다고 말하지만 그 정의는 각자 다를 것이다. 훌륭한 커뮤니케이터가 말을 하면 사람들은 이에 귀 기울이며 쉽게 이해할 것이다. 의사소통에 서툰 회사는 필요한 의견을 제대로 전달받지 못하고, 반대로 직원들은 정보가 공유되지 않으며 무시당하는 느낌마저 받아 답답해한다.

회의에서 말하고 싶은 의견이 있으나 말을 꺼낼 기회조차 얻지 못한 적이 있는가? 다른 사람의 말은 경청하지 못하고 오직 내 차례가 됐을 때 무슨 말을 할까라는 생각에 빠진 적이 있는가? 의사소통은 말하기와 듣기, 그리고 몸짓 언어를 통해 이뤄진다. 비언어적 요소는 언어적 요소만큼이나 영향력이 있다. 따라서 상대방의 말을 경청하고 응대한다면 성공에 더욱 다가설 수 있다.

때로는 침묵이 말보다 강력하다. 회의의 방향이나 목표, 자신의 방향을 일치시키면 지금 제대로 일을 하고 있는지 확인해볼 수 있다.

나는 최근 어느 회사 경영진의 임원들과 함께 일한 적이 있다. 그곳의 모든 사람은 조직의 의사소통이 취약함을 지적하면서 그 문제를 다른 직원들의 탓이라 돌리고 있었다. 그러나 내가 각 임원에게 장문의 이메일을 보내 회사의 문제점을 제기하고 그들의 의견을 물어보았을 때 내게 답장을 보낸 이는 한 명도 없었다. 나는 그들이 회사에 무슨 문제가 있든 상관하지 않겠다는 의사를 침묵을 통해 나타낸 것으로 해석했다.

상대의 마음을 엿볼 수 있는 단서

　조직에서 가장 영향력 있는 사람은 자신의 능력으로 인정받고 신뢰를 얻으면서 설득을 통해 자신의 생각을 받아들이게 하는 사람이다.

　새로운 제품 라인을 개발하거나 협력 업체를 바꾸고, 팀을 재구성하는 등의 활동이 회사를 위하는 최상의 방법일까? 당신에게는 그러한 계획이 회사에 필요하다는 충분한 근거가 있겠지만, 당신의 사고방식을 무조건 수용할 사람은 아무도 없다. 주변을 둘러보며 이제 깊은 라포를 쌓았다고 생각할 수 있다. 또 시각, 청각, 신체 감각 언어와 내부 언어에 모두 익숙해져 있어서 상대방이 선호하는 방식으로 의사소통을 한다고 확신할 수 있다. 그러나 아직 어떤 성과도 내지 못하고 있다. 그렇다면 NLP는 설득력을 향상시키는 데 어떤 다른 방법을 제시할까?

협상과 반론에 대응하기

협상 기술을 익히려면 여러 난관을 거쳐야 한다. 영업 직원에게는 목
표가 있을 것이고, 그들은 그것을 달성하기 위해 전념할 것이다. 모든
영업회의에서 성과를 거두려면 협상 기술을 치밀하게 사용해야 한다.

무엇을 협상하든 원하는 것을 성취할 수 있다는 사실을 알고서 일하
면 더 좋지 않을까? 협상 기술이 향상되었을 때 어떤 성과를 거둘 수 있
을지 생각해보자.

- 판매 계약을 체결함
- 논쟁에서 이김
- 승진
- 할당 예산이 늘어남
- 팀에 더 많은 사람을 배정받음

- 영업 영역을 확대함
- 상사에게 휴가 승인을 쉽게 받음

듣고 보고 배워라

협상력을 배양하려면 NLP가 필요하다. NLP는 사람들의 생각을 바꾸는 간단하면서도 효과적인 방법을 제시한다. 고객과 이야기를 나눌 때 고객이 무슨 생각을 하는지 가늠할 수 있다면 설득이 얼마나 쉬워질지 상상해보라. 그러나 이 방법은 독심술도 아니고 속임수도 아니다.

이 방법을 매우 쉽게 설명해보겠다. 이 방법을 이해한 후 연습하고 실전에 활용함으로써 익히도록 하라. 즉, 대화를 나눌 때 상대방의 눈을 응시하고 그 사람이 어떤 생각을 하는지 파악하는 습관을 가져야 한다. 이것은 라포를 형성하는 빠른 방법이기도 하므로 일거양득의 효과가 있다.

우선 당신의 관찰력을 테스트하자. 상사의 눈매를 설명해보라. 답을 알고 있다면 합격이다. 답을 모른다면 이제부터 만나는 사람과 눈을 마주치는 습관을 갖도록 하라. 어떤 회의에 참석하더라도 회의 후 참석자들의 눈매를 떠올리면서 스스로 점검해보자. 이런 일이 어떤 사람에게는 아주 쉬울 수 있다. 그러나 자신이 그렇지 않다면 충분히 연습해서 그런 사람으로 변화하도록 하라. 구체적인 부분을 포착하는 능력은 평범한 사람과 뛰어난 인재를 구별하는 기준이 된다. 따라서 눈을 통해 정보를 읽는 능력을 자신의 것으로 만들고 적극적으로 활용하라.

눈은 사람의 생각을 그대로 보여준다. 그래서 사람들이 어떻게 눈동자를 움직이는지 관찰함으로써 의사소통 능력을 발전시킬 수 있다. 우선 편한 친구와 연습해보도록 하자.

친구의 눈을 보고 'Extraordinary'라는 단어의 철자를 하나씩 소리내 읽어보라고 한다. 눈동자는 매우 짧은 순간 움직여 관찰하기가 어려울 수 있으므로 집중해서 보도록 한다. 눈동자의 움직임이 두드러지게 하려면 그 단어의 철자를 거꾸로 말해보라고 하라. 철자를 정확하게 알고 있어도 거꾸로 말하는 것은 어렵지 않다. 그러므로 친구의 눈동자는 위를 향하며 좌우로 움직일 것이다. 기억을 되살릴 때 눈동자는 책이나 칠판을 읽듯이 움직인다.

그런 다음 친구에게 어머니나 좋아하는 가수의 목소리를 떠올려보라고 하라. 그러면 눈동자가 왼쪽으로 향할 것이다. 물론 어떤 사람들, 특히 왼손잡이는 다른 방향으로 눈을 돌릴 것이다. 따라서 상대방의 사고 방식을 짐작하기 전에 먼저 철자를 말해보게 함으로써 테스트 해보라.

눈동자의 움직임으로 알 수 있는 사실

- 실재하지 않는 이미지를 상상하거나 창조할 때
  → 눈동자가 오른쪽 위를 향한다.
- 과거의 이미지를 떠올릴 때(과거에 살았던 집, 예전에 생일 파티를 열었던 장소)
  → 눈동자가 왼쪽 위를 향한다.
- 현실과 일치하지 않는 소리를 상상할 때(만화주인공 목소리로 말하는 친구)
  → 눈동자가 오른쪽을 향한다.
- 익숙한 소리를 떠올릴 때(주전자에서 물 끓는 소리, 생수통에서 공기방울 올

라가는 소리)

→ 눈동자가 왼쪽을 향한다.

- 감정과 느낌을 회상할 때(화, 슬픔, 기쁨, 승리감)

  → 눈동자가 오른쪽 아래를 향한다.

- 혼잣말할 때, 자기 자신에게 에너지와 의욕을 불어넣고자 다짐할 때

  → 눈동자가 왼쪽 아래를 향한다.

- 예전에 보았거나 머릿속에서 생각한 사물을 기억할 때

  → 눈빛이 흐려지며 정면을 응시한다.

마음속을 엿볼 수 있는 이러한 단서는 당신에게 사람을 대하는 방식을 바꿔볼 수 있는 기회가 된다. 상대방이 왼쪽 위를 바라보면서 머릿속 정보에 접근하거나 정면을 응시하면서 특정 사물이 어떤 모습이었는지 떠올리려고 한다면 그 사람이 정보를 종합하고 답변할 수 있게 기다려주자. 사람들이 어떻게 생각과 정보를 정리하는지 이해한다면 그들의 성공을 위해 필요한 지원을 해줄 수 있다. 이 기술을 이용하여 동료들이 역량을 발휘할 수 있도록 돕고 팀의 성과를 개선하라.

의사소통의 함정

대화할 때 말을 신중하게 사용하면 동료와 더 깊은 라포를 형성할 수 있다. 또한 그들을 이해하고 자신의 생각이나 결정을 설득하기 쉬워진다. 그러면 신뢰와 자신감이 넘치는 분위기를 만들 수 있다.

이 모든 것은 언어 습관에 달려있다. 비록 의사소통에서 말이 차지하는 비중은 10%가 채 안 되지만, 이 10%도 없어서는 안 될 부분이다. 특히 회의에 참석하고 전화하고, 이메일이나 문자를 보낼 때는 더욱 중요하다.

의사소통의 세 가지 함정

성공을 목표로 한다면 의도한 대로 의사소통하는 법을 배우고, 의사소통의 세 가지 함정을 피하는 법을 알아야 한다. 모든 사람이 함정에 빠질 가능성이 있으므로 자기 자신의 의사소통 방법에 문제가 없는지 점검해보고, 상대방도 의사소통의 실수를 범할 수 있다는 점을 알고 있어야 서로 충분히 이해할 수 있다.

① 누락(생략)

일부 의미가 생략되면 의사소통에 혼란이 생길 수 있다. 단어 일부를 생략하면 다른 내용과 연결이 매끄럽게 이어지지 않을 수 있기 때문이다. 일부러 생략한 게 아닐지라도 진실을 외면하려는 미묘한 방법일 수도 있다.

예를 들어 "이 회사에서 회의는 언제나 시간 낭비다."라거나 "제조 부문에서는 절대 일이 제 시간에 끝나는 일이 없다."라는 말을 듣는다면, 여기에 숨은 의미가 있다고 추측해볼 수 있다. 의사소통을 분명하게 하는 팀원이 되려면 예리한 질문을 통해 생략된 의미를 찾아야 한다.

"구체적으로 어떤 회의를 말합니까?"

"시간 낭비를 초래하는 원인이 구체적으로 무엇입니까?"

"제조 부문의 누구 때문에 일의 속도가 떨어집니까?"

"지연이 일어나는 병목점이 정확히 어디입니까?"

생략은 문제의 원인을 모호하게 하려는 고의적이거나 무의식적인 시도이므로 구체적으로 파고들어 진의를 파악해야 한다. 단, 상대방을 몰아세우지 말고 우호적인 태도로 질문하라. 의미를 명확히 파악한다면 말하는 사람은 좀 더 솔직하게 생각을 말할 수 있고 서로의 발전에 기여할 수 있다.

② 일반화

일반적인 표현은 문제를 해결하고 사실을 인정하는 데 도움이 되지 않는다. 가장 흔한 예로 나는 어느 회사를 가든지 "직원들 간에 의사소통이 문제다."라는 말을 듣는다. "여기서는 의사결정이 다 소용없다."라고 말하는 회사도 많다.

이런 말의 특징은 '의견을 말하다' 또는 '결정을 내리다'처럼 동사로 표현될 수도 있는 단어가 명사로 표현되었다는 것이다. 문장을 보면 행동을 취하는 주체는 포함되어 있지 않다. 즉, 화자는 책임을 개인에서 회사로 전가한다. 이 말이 진정으로 의미하는 바는 '아무도 나에게 무슨 일이 있어났는지 말해주지 않는다.' 또는 '내가 직접 의사결정을 할 수 없어.'라는 것이 아닐까?

자신이 주도권을 갖기 위해 이렇게 물어보라. "내가 원하지 않는 방식으로 말하지 않는 사람은 누구인가?" "나는 의사소통 방식이 어떻게 달라지기를 원하는가?" 누가 무엇을 하고, 그들이 무엇을 어떻게 하는지 질문함으로써 일반화된 표현에 문제를 제기하라.

③ 왜곡

말하거나 듣는 방식에 따라 언어의 왜곡이 모두 일어난다. 왜곡은 다양한 방식으로 생길 수 있으며, 구성원 간의 역학 관계를 크게 바꿔놓을 수도 있다. 예를 들어 누군가가 "당신이 나를 좋아하지 않는 것을 알고 있습니다."라든지 "나는 그가 나를 신뢰하지 않는 걸 알아" 또는 "당신은 내가 그걸 할 수 있다고 생각하지 않아."라고 말할 때 언어의 왜곡이 생긴다.

이 말이 과연 사실에 근거하고 있는지 알아보려면 다음과 같이 물어보라. "당신은 어떻게 아시는 겁니까?"이다. 그런 정보를 어디에서 들었는지 답을 얻을 때까지 질문을 하다 보면 말하는 사람의 느낌이 아닌 사실을 발견할 것이다. 당신 또한 정확한 근거 없이 이런 방식으로 말한다면 잠시 뒤로 물러나 그것이 어떻게 알게 된 사실인지, 말하는 의도가 무엇인지 스스로 파악해보도록 하자. 지금과 같은 느낌이 생긴 근본 원인으로 파고들어 보면 사실과 감정을 다시 평가할 수 있다.

또 다른 왜곡은 "당신은 내가 ~하도록 만든다."라고 말할 때 생긴다. 예를 들면 이렇다. "당신은 내가 쓸모없는 사람이라 느끼게 한다." "그는 나를 비참하게 만든다."는 말이 그 예다. 당신은 자기 자신을 책임진다는 점을 이미 인정하고 있다. 당신이 어떤 것을 느끼도록 강요할 사람은 아무도 없으며, 그런 느낌이 들게 하는 것은 바로 당신이다. "당신은 내가 비참하다고 느끼게 한다"라는 말을 들었다면 "나의 어떤 행동 때문에 비참함을 느꼈습니까?"라고 물어라. 또는 "구체적으로 그 비참한 느낌은 무엇입니까?"라고 물어라.

완전히 상관없는 사건과 결과를 연관 짓는 왜곡도 동료들과의 원만한 관계를 방해할 수 있다. 예컨대 지각한 당신에게 상사가 화를 냈을 때 "상사는 항상 나에게 화만 내고 나를 싫어한다."라고 말하는 것이다. 또는 당신이 작성한 제안서를 상사가 승인해주지 않았을 때 "내 제안서가 반려된 것을 보니 상사는 내 제안서가 엉망이라고 생각하는군."이라고 말하는 것이 바로 왜곡이다.

어떤 사건을 통해 완전히 다른 의미로 받아들이는 왜곡을 극복하려면 이면에 숨어 있는 전제를 반박해야 한다. 다음과 같이 말해보도록 하자.

"당신은 좋아하는 사람에게 화낸 적 있습니까?" 또는 "보고서에 대해 문제점을 지적했지만 그 사람의 다른 결과물은 만족스럽다고 생각한 적 있습니까?" 또는 "상사가 화를 낸 것이 어떻게 당신을 싫어한다는 의미로 생각하게 되었나요?" 등이 대표적이다.

생략이나 왜곡, 일반화는 의사소통의 내용을 걸러내거나 바꿔버린다. 이 문제를 해결하려면 현재 상황을 예리하게 인식하고, 적절한 질문을 통해 의미를 분명하게 파악해야 한다. 세 가지 함정에 빠지지 않음으로써 모든 사람이 동일한 목표를 향해 나아가는 조직을 만들 수 있다.

빠르면서 강력한 성공의 길

현재 사용하는 비밀번호를 생각해보라. 날짜와 관련 있는 비밀번호를 사용하는가? 아니면 문자와 숫자를 적절히 조합했거나 자기 암시적인 단어를 사용하는가? 긍정적인 사고를 하면 긍정적인 결과가 따라온다. 긍정적인 사고가 모든 영역에서 드러나게 하라.

이제 비밀번호를 설정할 때 당신에게 영감이 되는 단어를 선택해 성공적인 사고의 틀을 만들어라. 대학 이름, 롤모델, 첫 고객의 이름, 가장 큰 성취, 성공했던 아이디어 등 다양한 경험을 반영하는 단어는 어떤가? 백만장자, 금메

달리스트, 교수, 사장, 일인자와 같은 미래의 모습을 나타내는 단어도 좋다. 쉽지 않은가? 비밀번호를 이용하여 성공 가능성이 컴퓨터의 하드디스크까지 삶의 이곳저곳에 스며들게 하라.

메시지 전달을 위한
이메일 작성법

얼굴을 직접 마주하고 눈을 맞추면서 함께 일하면 의사소통이 더 쉬워질 수 있다. 우리는 보통 누군가와 이야기하려면 직접 찾아가서 얼굴을 보며 대화를 나눈다. 오늘날에는 빠른 통신 기술의 발달로 직접 만나지 않아도 업무를 진행하고 의사결정을 내릴 수 있다. 그러므로 라포의 큰 비중을 차지하는 몸짓 언어를 보지 않더라도 상대방과 친분 관계를 쌓아가야 한다. 얼굴을 보지 않는 의사소통에서 활용할 수 있는 방법에는 무엇이 있는지 확인해보자.

우리는 개인적으로든 업무적으로든 이메일을 이용한다. 1년 365일 24시간 내내 언제든지 주고받을 수 있는 이메일과 달리 종이 편지는 어느새 향수를 불러일으키는 과거의 유물이 되어 버렸다. 이메일은 적절한 사람에게 적절한 메시지를 전달하기 위해 세심하게 단어를 선택하여 작성해야 한다. 모든 단어를 정성껏 고르고 적절한 위치에 넣어서 메시지를 강조해야 한다. 디지털 세계에서 이메일은 의사소통의 표본이 될 것이다. 그러나 급하게 대충 작성되는 이메일도 많다. 피곤하거나 급할 때 대충 써서 한밤중에 이메일을 보내거나, 줄 서서 기다리는 동안 스마트폰으로 급하게 작성하거나, 출근해서 받은 메일들을 정리하면서 형식적으로 이메일 회신을 보내기도 할 것이다. 또 화가 나거나 배가 너무 부를 때, 저녁식사 후 와인까지 한 병 마시고 잠들기 전에 이메일을 쓰기도 한다.

그 결과 수신자는 이메일을 읽으면서 당신이 쓴 의도대로 이해하지 않을 가능성이 있다. 당신의 의도와는 다른 느낌이 전달될 수 있고, 드러내려고 하지 않았던 답답함과 불만이 그대로 나타나서 바라던 대로 의사소통이 되지 않는 결과가 나타날 수 있다. 한밤중에 작성한 이메일은 의도가 부정확하고 감정이 지나치게 표현될 가능성이 크다.

나의 코칭 수업을 듣던 조지는 토요일 자정에 상사에게서 메일을 받았다. 짧은 메시지였다.

'월요일 오전 10시에 긴급회의를 해야겠습니다. 일정이 있더라도 취소하고 참석해주십시오.'

그 메일은 조지의 주말을 망쳤다. 상사가 그를 해고하거나 화낼 일이 있을 것이라고 확신한 것이다. 월요일에 출근해 회의에 참석해보니 상사는 큰 프로젝트의 책임자로 조지를 결정했다고 말해주었다. 이메일을 다시 읽어본 조지는 상사가 전달한 내용은 긴급회의가 필요하다는 것이 전부였으나 자신이 확대 해석하여 오해했음을 인정했다.

전화나 직접적인 만남과 달리 이메일 기록은 영원히 남는다. 이메일은 다른 사람에게 전달되어 당신의 잘잘못을 가리는 데 사용되기도 한다. 이러한 사실을 알고도 이메일을 계속 이용하고 싶은가? 이메일을 자주 이용한다면 과연 만남이나 전화보다 효과적인지 생각해보라. 이메일을 주고받는 데 10분이나 걸릴 일을 자투리 시간을 내 2분 정도의 통화로 간단히 해결할 수 있는 경우도 있다. 전화 통화는 동료나 고객과 친분을 쌓을 기회가 되고, 시간을 절약하며 더 많은 일을 처리할 수 있게 만드는 방법이다. 뛰어난 인재는 더 많은 일을 해낸다. 따라서 이메일은 단지 모든 역량을 동원해 당신의 가치를 알리는 기회로 활용하라.

이메일의 제목은 보내고 싶은 내용을 반영해야 한다. 또한 '답장' 버튼을 무의식적으로 누르기보다는 새롭게 이메일을 작성하는 습관을 길러라. 새로운 이메일은 다음과 같이 주위를 환기시키는 제목을 만들 기회이기 때문이다.

- 최선을 다하는 협력 업체 ~에서 알려 드립니다
- 다음 프로젝트에 대한 아이디어 여섯 가지
- 지원해주셔서 감사합니다
- 열심히해주셔서 감사드립니다

이러한 제목은 수신자가 메일함을 열 때마다 당신을 떠올릴 수 있게 하므로 긍정의 닻을 올리는 역할을 한다. 제목은 불만을 전달하거나 행동을 촉구할 때에도 유용한 수단이 된다. '청구서 지급 요청 - 일주일 지연', '화요일 결제 건', '배송 지연' 등.

이메일의 마무리

이메일을 마무리하는 법을 살펴보자. 기본적으로 사용하는 서명이나 흥미로운 문구, 그리고 그림을 넣어 강한 인상을 남기고 있는가?

당신의 이메일 기본 서명을 보고 어떻게 바꾸는 것이 좋을지 생각해 보라. 좋은 말이 있으면 기록해두었다가 정기적으로 서명을 수정하라. 다른 사람들은 서명을 보고 당신이 다음에는 무슨 일을 하게 될지 기대할 것이다.

Insight in story

한 영업부장은 사내 콜센터와 수년째 같이 일하는 코칭 및 팀업 분야의 탁월한 강사이며 이메일의 기본 서명으로 헨리 소로의 인용문을 넣는다. 그녀의 연락처 정보 아래에는 '꿈꾸는 곳을 향해 확신을 갖고 나아가라.'라는 인용문이 쓰여 있다. 하루는 친구가 그녀에게 카드를 보냈는데, 그 카드에는 그 인용문의 나머지 부분까지 있었다.

'꿈꾸는 곳을 향해 확신을 갖고 나아가라. 꿈꿔온 삶을 살아라.'

그녀는 이 글을 보고 큰 깨달음을 얻었다. 그리고 바로 그 다음 주에 자신이 사고자 하는 부동산을 보려고 프랑스에 갔다. 그녀는 다녀와서 사각 탑으로 둘러싸인 프로방스의 고성에서 살고 싶다는 인생의 꿈을 이루었다고 우리에게 이야기해 주었다. 그녀는 곧 런던의 집을 팔고 고성으로 이사했다. 이렇게 그녀는 꿈을 향해 나아갔고 꿈을 현실로 만들었다.

타이밍과 세심한 배려

이메일을 보낼 타이밍을 잘 조절한다면 상대를 배려하고 있음을 보여줄 수 있다. 중요한 회의를 시작하기 30분 전에 도착하는 이메일은 회의가 끝나고 30분 후에 오는 이메일보다 도움이 될 것이다. 이메일을 통해 당신이 그 사람을 생각하고 있었다는 것을 보여주고 그 마음을 적절하게 표현할 수 있다.

이메일의 첨부 파일에도 신경을 써서 수신자가 파일 내용을 쉽게 파악하도록 한다. '제안서'라는 첨부 파일을 보냈다면 수신자에게 문서를 확인하고 정리해야 하는 일거리를 준 것이다. 그러기보다는 파일의 제목을 '제안서 ABC 20110710'로 지정하여 라포의 핵심 요소인 배려를 실천하는 모습을 보여라.

전화와 이메일

전화와 이메일이라는 커뮤니케이션 수단이 서로 충돌할 때가 있다. 컴퓨터를 앞에 두고 누군가와 전화 통화할 때 너무나도 읽고 싶은 이메일이 수신함에 도착한다. 제목만 봐도 내용이 몹시 궁금해서 참을 수 없다. 그럴 때 어떻게 하는가? 당신은 이메일을 열고 무슨 내용인지 훑어보기 시작한다. 대화하는 상대가 따분한 주제로 장황하게 설명을 늘어놓고 있으니 괜찮을 것이라고 생각한다. 어차피 상대방이 당신을 볼 수 있는 것도 아니고 당신이 뭘 하는지 모르지 않겠는가?

틀렸다. 사람들은 상대방이 다른 곳에 정신이 팔려 있거나 잘 듣고 있지 않으면 그 사실을 곧바로 눈치 챈다. 그 결과 라포가 사라지고 불쾌감이 그 자리를 대신할 것이다. 물론 누구에게나 우선순위가 존재하지만, 상대방이 뒷전이라는 사실을 상기시켜 줄 필요는 없다. 상대방은 기분이 상할 것이고 당신은 관계를 다시 되돌리기 위해 애써야 할 것이다.

전화를 하는 동안 다른 곳에 정신을 두지 않으려면 이메일을 닫고 인터넷을 보지 말고 전화 통화에 모든 신경을 집중한다는 것을 보여주어라. 이러한 노력은 결실을 거둘 것이다.

메시지 녹음

사람들이 자동응답기에 남긴 메시지를 주의 깊게 들어본 적이 있는가? 집중해서 들어보면 상대방이 메시지를 남길 때 어떤 마음이였으며, 어디에서 녹음했는지, 얼마나 연습하고 녹음했는지 알 수 있다.

따라서 자동응답기에 메시지를 녹음할 때 메시지이외에 다른 요소들에도 관심을 기울이자. 당신이 하고 싶은 말을 종이에 적고, 똑바로 서거나 앉아서 당신이 의도하는 목소리 톤과 크기로 읽는 연습을 하자. 다시 말해, 녹음된 메시지를 통해 전하고 싶은 이미지가 전달되도록 신경 쓰자.

제9장

진정한 주도권을 가지는
의사결정 능력

"인생을 100% 책임지고 있다면
성공도 100% 책임지는 것이다."

스스로 자기 삶을 100% 책임지고 있으며,
따라서 자신의 성공도 100% 책임지고 있음을 인정하라.
이 사실을 받아들임으로써 목표를 이루고자
더 앞으로 나아갈 수 있으며 기대 이상의 성공을 거둘 수 있다.

변화의 원인이 되는 사람

커리어와 개인의 발전을 관리하려면 자신의 주변에서 벌어지는 상황에 대한 대응을 자신이 주도하는 것이 중요하다. 자신의 삶을 직접 주도하지 않는다면 누군가가 당신의 삶을 간섭할 것이고, 그 결과 당신은 약자의 입장에 놓이게 된다. 자신의 운명을 책임지는 사람은 자신에게 일어나는 일이나 주변 환경에 좌우되지 않는다. 진정한 주도권이란 통제밖에 있는 상황에 부딪혔을 때 어떻게 대응할지 선택하는 것을 의미한다. 당신은 상황 자체를 바꿀 수는 없어도 상황에 대응하는 방법은 바꿀수 있다. NLP에서는 그런 사람을 결과의 '원인'이라고 정의한다. 반면에 불행한 사건이 벌어졌을 때 무력감을 느끼고 자신을 희생양으로 생각하는 사람을 '결과'라고 정의한다.

원인과 결과

"우리는 마음을 통제할 수 있기 때문에 결과를 통제할 수 있다."

다른 사람의 작은 행동이 당신에게 영향을 미친다는 논리는 나비효과 이론의 확장이다. 나비 한 마리가 날갯짓을 하면 지구 어딘가에서 폭풍이 일어난다. 업무에서 날갯짓을 하는 사람이 되지 않으면 예기치 못한 폭풍에 휩쓸릴 것이다. 항상 예기치 못한 일이 일어나고 여기에 적응하며 변화해야 하는 것이 비즈니스의 냉엄한 현실이다. 모든 사람에게 상사가 있기 때문에 좋든 싫든 변화의 영향을 받는다. 다른 사람이 내린 결정에 하는 수 없이 따라야 하는 상황 가운데 최악의 예는 정리해고일 것이다. 그러나 그런 상황에서도 당신에게는 선택권이 있다. 다시 말해 그 결정을 받아들이고 새롭고 더 나은 삶으로 나아감으로써 어려움을 극복할 수도 있고, 불평만 하는 희생자가 될 수도 있다.

당신이 '결과' 쪽에 있다면 다른 사람을 위해 권력을 포기하는 것이다. 그렇다면 당신에게는 더 이상 선택권이 없다. '이건 내 잘못이 아니야'라고 생각하기로 결정을 내린다면 다른 사람의 의지에 굴복하는 것이다. 다시 말해 누군가가 당신이 탄 버스를 운전하고 당신은 어디로 가게 될지 모른다. 삶은 당신의 통제 밖에 있으며, 당신은 다른 사람의 결정에 휘둘린다.

'원인'으로 남아 있는 사람은 삶에 어떤 시련이 닥쳐오더라도 자신이 운명을 책임져야 한다고 믿는 사람이다. 임의로 발생하는 일들을 멈출 수는 없지만, 이에 대한 당신의 행동을 바꿀 수는 있다.

Insight in story

나는 구조조정을 통해 비용 발생이 많은 부서의 규모를 줄이려는 기업과 일한 적이 있다. 임원 중 두 명이 해고당해야 했다. 그 결정은 순수하게 비용 절감 때문이었지 그들의 업무 성과가 부진해서는 아니었다. 운영을 맡고 있는 이사인 밥은 해고 소식에 당황했지만 내막을 알게 된 후 마지막까지 업무에 최선을 다했다. 회사와의 신뢰를 지킨 덕분에 퇴사할 때 상당한 퇴직금을 받을 수 있었고, 주변 사람들은 그에게 구직에 도움될 만한 사람들을 소개해주었다. 그 후 다른 회사에 지원해 임원 면접을 보았고, 그의 긍정적인 태도가 임원진에게 좋은 인상을 심어줬다. 얼마 지나지 않아 밥은 재취업에 성공했다.

반면에 정리해고 된 또 다른 임원인 영업이사 매튜의 반응은 달랐다. 그는 회사의 결정에 불만이 가득하여 모든 사람에게 시비를 걸었다. 그를 만나는 사람들은 모두 그와 대화하는 것조차 불편해했다. 그 결과 사람들은 그와 회의조차 하기 꺼려했고, 항상 어떤 문제가 생기지는 않을까 노심초사했다. 회사와 원만하지 않은 관계 때문에 그는 정해진 퇴직금 이외에 더 받지 못했다. 그가 떠날 때 모든 직원이 기뻐할 정도였다. 매튜는 사람들이 자신과 연락하는 것을 불편해한다는 것을 알게 되었고, 이후 다른 회사 면접에서도 그의 비뚤어진 자세는 금방 드러났다. 밥은 변화의 '원인'이 되어 결정을 수용하고 삶의 방향을 찾은 반면, 매튜는 '결과'가 되어 자신의 목적성을 상실했다.

'결과'에 굴복하는 사람이 주로 하는 말

- 상사는 저를 싫어해요.

- 아무도 저에게 말할 기회를 주지 않습니다.

- 어쩔 수 없습니다.

- 이건 내 잘못이 아닙니다.

- 팀이 이렇게 일을 못하지 않았다면 나는 성공할 수 있었을 텐데.

- 제조 부문은 항상 저를 실망시키네요.

- 내 밑에 있는 직원들이 내 기대에 못 미칩니다.

- 영업팀에서 제출한 전망치가 엉망이었습니다.

- 다들 대학을 나왔지만 나는 그러지 못했습니다.

- 그들 때문에 제가 불편함을 느낍니다.

- 기차가 연착해 회의에 늦었습니다.

- 알람시계가 제때 울리지 않아서 계속 자버렸습니다.

- 그들은 저를 절대 끼워주지 않습니다.

사실상 이런 말들은 어떤 일이 왜 제대로 일어나지 않았는가에 대한 핑계다. 기차가 늦게 도착했거나 영업팀에서 항상 정확하지 않은 전망치를 주는 것이 사실일 수도 있다. 그러나 자신이 주도하고 외부 상황에 흔들리지 않는 결단력이 있는 사람은 잠재적인 문제를 예상할 뿐 아니라 상황을 핑계거리로 삼지 않고 직접 해결한다.

변화의 '원인'이 되는 사람이 주로 하는 말

- 이 일을 끝낼 것입니다.

- 그와 연락해보겠습니다.

- 회의 일정을 세웠습니다.

- 팀과 함께 전망치 자료에 대한 문제를 해결하겠습니다.

- 제가 실수했으니, 문제를 해결할 방법을 찾겠습니다.

- 상사와 함께 그를 설득하겠습니다.

- 잘못된 물품을 보냈습니다. 다시 보내도록 조치하겠습니다.

- 주의를 기울이지 않아서 차에 경유가 아니라 휘발유를 넣었습니다.

- 알람시계를 잘못 맞춰놓아 회의에 참석하지 못했습니다.

위의 말과 어떤 차이가 있는지 알 수 있을 것이다. 변화의 '원인'이 되는 사람은 다른 사람 탓을 하는 것이 자신에게 도움이 되지 않는다는 것을 잘 안다. 또한 자신이 어떤 점을 잘못했는지 깨닫고 빠르게 조치를 취한다. 바로 이것이 발전을 위한 길이다.

최고의 결정을 내리는 법

　일을 진정 좋아하고 즐길 수 있는 사람은 운이 좋은 편이다. 사람마다 일에 대한 취향이 다양하기 때문에 좋아하는 업무도 있고, 때로는 마음에 들지 않는 일도 있을 것이다. 그런데 개인의 성향과 관계없이 꼭 해야 하는 일이 있다. 게다가 일을 제대로 끝내지 못하거나 아예 하지 않는다면 그동안 아무리 잘했더라도 상사나 동료에게 좋은 평가를 받을 수 없다.

　어떤 사람들은 까다로운 고객에게 전화 걸기나 계속되는 이메일 응대, 업무 보고서 작성과 같은 반복적인 일을 싫어한다. 당신에게 쉬운 일이 다른 누군가에게는 어려울 수도 있는 것이다. 호불호는 개인의 성향에 따라 다르며, 이성적으로 설명하기 어렵다. 그러나 부정적인 감정에 빠져 일을 하지 않은 채 둔다면 커리어에 치명적인 오점을 남길 것이다.

어떤 고객사에 댄이라는 능력 있는 영업팀 매니저가 있었다. 그는 탁월한 성과를 올렸다. 모든 사람이 그와 일하는 것을 좋아했으며, 매달 그가 받는 상여금이 점점 높아졌다. 언제부턴가 사장은 댄이 점점 더 일찍 퇴근하기 시작한다는 것을 눈치 챘으나 그가 의욕적으로 일한 덕분에 일을 다 끝내서 일찍 퇴근하는 것이라고 생각했다.

어느 날 재무팀에서 사장에게 현금흐름이 원활하지 않다고 경고했다. 미수금도 회수되지 않고 있었다. 회사에서 조사한 결과, 댄의 책상에서 고객 불만 서신이 더미로 발견되었다. 고객들이 댄의 팀에서 제공하는 서비스 질에 만족하지 못해 비용 지급을 거부했던 것이다. 그런데 그는 이런 고객 불만을 해결하지 않고, 아무런 조치도 취하지 않은 채 일을 묻어두고 있었던 것이다. 그가 모든 문제의 원인이었다는 사실이 확인된 후 댄은 해고되었다.

업무를 완전히 장악하지 못하면 시간만 질질 끄는 나쁜 습관이 생길 수 있다. 이런 태도는 "당신은 일을 하려고 하지 않고 절대 일을 끝내지 못하는군요."라는 비난을 들을 가능성이 크다.

시간 끌지 않기

하기로 한 일과 하고 싶지 않은 일, 즉 피하고 싶은 일에 대해 솔직히 의견을 말해보자. 당신이 일주일 동안 할 핵심 업무를 적어라. 그리고 각 업무에 대해 "내가 얼마나 효율적으로 업무를 처리하고 있는가?" 라는 질문에 답한다. 그리고 "내가 이 업무를 피하고 싶어한 적이 있는 가?"와 마지막으로 "이 업무가 회사 경영에 중요한 이유는 무엇인가?" 란 질문에 대답해 본다.

각 업무에 대해 1점에서 10점까지 점수를 준다.

- 나의 업무는?
- 나는 이 업무를 좋아하는가?
- 나는 이 업무를 피하고 있는가?
- 회사에서 이 업무의 중요도는?

표를 보면서 문제가 없는지 파악해보자. 당신이 하는 일과 회사의 요구 사항이 일치하지 않는다면 당신이 누군가를 실망시킬 수도 있고 기회를 최대한 활용하지 못할 가능성도 크다.

당신이 결단력이 없는 것으로 보이면 사람들은 당신에 대해 항상 망설이고 우유부단하며, 일을 장악하지 못하거나 자신감이 부족하다고 생각할 것이다. 이 모든 면은 리더가 되고자 하는 사람에게 치명적인 약점이 된다. 리더들은 대범하며 추진력이 뛰어난 사람이 많다. 때로는 리더들에게는 먼저 허락을 구하기보다는 저지르고 나서 용서를 구하는 것이 나을 때도 있다. 결국 당신이 내리는 결정 대부분이 옳다고 생각하는 것이 바람직하다. 지시 사항을 잘못 이행했다거나 적성에 맞지 않는 직무를 맡거나 인재 채용 결정을 제대로 못하여 나중에 문제가 되어도 그 경험을 통해 가장 값진 학습효과를 얻을 수 있기 때문이다. 잘못된 결정은 나중에 더 나은 결정을 내릴 수 있게 하는 자양분이 되므로 너무 걱정하지 말자. 지금 결정을 내려라. 나중에 또 다른 결정을 내릴 기회가 있기 때문이다.

더 나은 결정 내리기

사람마다 결정을 내리는 방법은 다르지만 일반적으로 최고의 결정은 모든 의견을 검토한 후 가능한 의견이 많은 쪽으로 내리게 된다. 무엇이 필요한지 직접 판단하고 다른 사람의 의견을 들을 수 없는 상태에서 혼자 결정내려야 한다면, 다음과 같은 간단한 기법을 통해 시야를 넓혀보자.

큰 그림을 보는 능력을 타고난 사람은 가능성과 기회 파악을 잘하지만, 성공과 실패를 가르는 구체적인 부분은 놓칠 수도 있다. NLP에서는 이러한 경향을 '상향유목화Chunking Up'라고 한다. 정보를 큰 덩어리로 받아

"리더십의 역량은 당신이 무엇을 하느냐보다 다른 이들에게 어떤 영감을 주느냐에 따라 달렸다. 진정한 리더는 주변에 인재를 두고 그들과 친밀한 관계를 유지하며, 성공적인 팀을 조직한다. 또한 다른 이들의 말을 경청하고 조언을 받아들인 후 자신이 스스로 결정을 내린다. 이것이 리더의 진정한 자질을 가늠하는 능력이다."

가레스 제임스(피플플러스)

들인다는 의미다. 이와 반대로 자세한 부분을 먼저 살피면서 정확하고 구체적인 핵심을 보고, 가능한 한 많은 정보를 축적하는 사람도 있다. 이 접근법의 약점은 큰 그림을 놓쳐 기회를 붙잡지 못할 수 있다는 점이다. 이러한 접근법을 NLP에서는 '하향유목화Chunking Down'라고 한다.

어느 쪽을 선호하든 간에 두 접근법을 모두 일상적인 결정에 반영하여 상향유목화와 하향유목화가 필요하다는 사실을 의식적인 차원으로 끌어올릴 수 있다. 예컨대 아이디어와 가능성을 모색하는 전략회의에서는 아직 구체적인 부분을 하나하나 파고들 필요가 없다. 이처럼 상황을 잘 파악하고 어느 접근법이 목적에 적절한지 확인하는 것을 잊지 말자.

이케아Ikea 같은 곳에서 조립 가구를 샀을 때 가구를 어떻게 조립하는가? 모든 구성물을 바닥에 펼쳐놓고 어떻게 맞춰야할지 생각하는가? 아니면 설명서를 먼저 펼쳐들고 내용을 숙지한 다음, 단계별로 조립해 나가는가? 어떤 방법으로든 가구는 조립되겠지만 두 접근법을 함께 이용하면 시간과 노력을 절약할 수 있다.

상향유목화와 하향유목화

때로는 전략적으로 큰 그림을 보는 것이 중요할 수 있고, 구체적인 부분부터 생각하는 것이 더 효과적일 수 있다. 최고의 결정을 내리는 사람은 두 접근법에 모두 능숙하며, 상황에 따라 어떤 접근법을 사용해야 할지 판단하는 데 탁월하다.

상향유목화 – 큰 그림으로 확장하기

의심이 가는 사항에 대해 생각하거나 무언가 해야 하는 의미를 찾지 못할 때, 당신의 영역을 확장하려고 할 때, 상향유목화가 매우 유용할 수 있다. 다음 질문에 답해보자.

- 이것은 무엇을 예로 든 것인가?
- 우리가 이 일을 하는 목적은 무엇인가?(문제의 본질에 접근할 때까지 이 질문을 계속한다)
- 나는 무엇을 의도하는가?

하향유목화 – 구체화하기

자신의 아이디어에 대해 실현 가능성이나 상품성이 있는지 누군가 의문을 제기할 것 같다면 아이디어를 소개하기 전에 스스로 점검해보자.
다음과 같은 질문을 함으로써 구체적인 부분을 살펴볼 수 있다.

- 아이디어는 정확히 무엇을 의미하는가?
- 얼마나 구체적인가?
- 얼마나 정확한가?
- 구체적인 예는 무엇인가?
- 엑셀로 표현할 수 있는가?
- 비용은?
- 일정은?

이것저것 까다롭게 따져봐야 한다. 스스로 검증하지 않으면 어차피 누군가가 트집 잡을 것이다. 또한 구체적인 질문에 대답하지 못하면 상대방도 확신할 수 없고 회의적으로 생각하게 될 것이다. 구체적인 부분만 보는 것은 아니지만, 그런 부분을 충분히 고려함으로써 탄탄한 근거를 갖추게 되면 균형 잡힌 결정을 내리는 데 도움이 된다.

팀원 중에는 큰 붓으로 그림을 그리고 구체적인 부분은 생략해버리는 사람이 있다. 그 팀원에게 피드백을 줄 때는 좀 더 구체적이고 상세한 부분을 보도록 조언하는 것을 잊지 말자.

이중 은폐 기법

우리가 중요한 결정을 내릴 때 이 세상이 우리에게 우호적이라고 믿어야 한다. 다른 사람에게 많은 것을 기대하는 사람이 최고의 결정을 내릴 수 있기 때문이다. 주변 사람들에게 실망할 준비가 되어 있는 냉소주의자는 그의 생각대로 실망할 일만 생길 것이다. 사람들이 최선을 다해줄 거라는 믿음이 있다면 당신은 최고의 결정을 내릴 수 있으며 과감하게 전진할 수 있다.

의도한 바를 말하고 원하는 바를 성취하라

성공하는 사람들은 말하기 전에 생각하고, 원하는 것을 이루기 위해 할 말을 정리한 후 말한다. 그들은 원하는 결과를 염두에 두고 단어를 선택하기 때문에 실수할 가능성이 낮다. 조직의 리더로 인정받으려면 결정을 내릴 수 있어야 하고, 그것에 대한 타당한 이유와 근거를 제시하여 다른 사람들을 이해시킬 수 있어야 한다. 이를 위해서는 의사소통을 주도해가며 중간에 방향을 잃지 말아야 한다.

명확성

명확한 목적을 제시하기 위해서는 우선 원하는 것을 그대로 말할 수 있어야 한다. 원하는 바를 구체적이고 긍정적으로 전달한다면 모든 모호함을 없앨 수 있다. 주제가 무엇이든 상관 없이 자신의 입장을 분명하게 밝힐 수 있고, 오해의 소지를 없앨 수 있다.

절대로 모호함을 남겨서는 안 된다. "나는 메뉴 중 몇 개 음식이 싫어요."라고 말하는 대신 "저는 육류보다 생선 요리를 선호합니다."라고 말하라.

"이 일을 9월 말까지 완료하기 바랍니다."는 "충분히 검토할 시간만 남겨두면 언제 일이 끝나든 상관 없습니다."라는 표현보다 훨씬 명확하다.

필요성과 가능성

어떤 문구나 단어는 사람들이 의문을 갖도록 불신의 여지를 남긴다. 다음과 같은 단어는 어떤 일을 할 필요가 있다는 것을 암시한다.

- 해야 한다
- 할 의무가 있다
- 필요하다
- ~할 필요가 있다

이러한 표현은 무언가를 해야 한다는 것을 뜻하며, "왜 내가 그 일을 해야 하며 누가 그렇게 말하는가?"라는 질문이 생기게 만든다. 누군가가 당신에게 이러한 표현을 사용한다면 정확하게 "내가 이 일을 하면 어떤 결과를 얻을 수 있습니까?"라는 질문으로 의미를 구체화할 수 있다. 가능성 또는 불가능성을 의미하는 표현도 있다.

- 할 수 있다/없다
- 할 것이다/하지 않을 것이다
- 될 것이다/되지 않을 것이다

불가능을 나타내는 표현을 사용하게 되면 회의에서 참신한 아이디어가 나오기 힘들다. 따라서 "어떤 이유 때문에 그럴 수 없나요?" 또는 "우리가 이 일을 하면 어떻게 될까요?"라는 질문으로 빠르게 대응해야 한다.

논점을 말할 때는 긍정문을 사용하고, '하지만'을 말하지 않도록 하라. 누군가의 질문에 답할 때 "어떤 의견인지 잘 알겠습니다. 하지만…" 이라고 말한다면 당신이 동의하지 않고 반박한다는 인상을 줄 것이다. 이 표현을 "어떤 의견인지 잘 알았습니다. 따라서…"라고 바꾼다면 이미 쌓아둔 라포를 무너뜨리지 않으면서 여전히 같은 주장을 펼 수 있다. 주변 사람들이 자연스럽게 당신의 입장에 동조하게 된다면 훨씬 일을 수월하게 할 수 있다.

합의의 틀

성공하려면 사람들이 당신의 의견에 동의하고 결정도 지지해야 한다. 최면 언어 패턴은 무의식에 조심스럽게 말을 걸어 다른 사람의 이해와 동의를 끌어내는 기법이다. 이 상황에서 남의 생각을 이해하는 것처럼 보이는 표현을 사용하는 것이 가장 효과적이다.

- 아마 알고 계시리라 생각합니다
- 여기에 대한 제 생각(느낌)에 동조한다는 것을 알 수 있습니다
- 저는 여러분이 ~라고 생각하는 것을 알고 있습니다
- 분명히 유사한 경험을 해보셨습니다
- 제가 말씀드리는 내용을 이미 알고 계시리라 생각합니다
- 이제 문제가 무엇인지 알고 있다고 생각합니다
- 당신이 여기에 관심이 있다고 들었습니다

원하는 답을 얻어내는 이중 은폐 기법

원하는 방향으로 결정이 내려지도록 하려면 사전에 당신에게 유리하게 입지를 쌓아두는 것이 바람직하다. 결정이 내려지는 순간에 급하게 뛰어들지 말자. 미리 생각을 정리해두는 것이 결과에 긍정적인 영향을 끼칠 수 있기 때문이다. 효과적인 방법 중 하나는 '이중 은폐Double Blind'다. 이 방법을 능숙하게 활용하면 선택을 할 때 착각 효과를 일으킬 수 있다.

영업 사원이 고객에게 주문서를 내밀며 "제 펜을 쓰실래요?" 하고 물

으면 고객이 자연스럽게 서명하게 된다는 우스갯소리가 있다. 영업 사원의 말은 고객이 서명하지 않을 상황을 아예 전제하지 않는 것이다. 결정을 내리지 못하고 있거나 원하지 않는 방향으로 결정이 내려질 때 사용할 수 있는 방법이 바로 이중 은폐 기법이다. 조직에서 성장하려면 최고의 결정을 내리는 사람으로 인정받아야 하며, 실제로 결정이 이루어

Insight in story -

나의 고객사는 조라는 직원에게 크게 감탄했던 이야기를 들려주었다. 조는 회사가 곧 정리해고를 할 것이고 칼이 해고 대상으로 고려된다는 말을 들었다. 조는 칼을 꼭 그의 팀에 두고 싶었다. 그래서 사장을 만나 미리 심사숙고하여 준비한 말을 꺼냈다.

"회사가 비용을 절감해야 하고 이는 정리해고를 의미한다는 것을 잘 알고 있습니다. 저는 사장님이 여기 있는 모든 직원의 업무를 검토하고 그들의 능력과 기여도를 평가하신 것으로 알고 있습니다. 조직이 계속 성장하려면 일을 제대로 해내야 하며, 능력 있는 인재를 보유하는 것이 최선입니다. 저는 사장님이 항상 칼의 노력과 최선을 다하는 태도를 인정하신다는 것을 느낄 수 있습니다. 그는 구체적인 성공 사례를 많이 보여주었습니다. 따라서 사장님이 다른 어떤 점보다 그의 가치를 인정할 수 있는 결정을 내리실 것으로 압니다."

조의 설득법은 사장의 의견에 반대한다는 인상을 주지 않으면서 라포를 강화하고 긍정적인 결과를 전제로 하여 원하는 결과를 이루기 위한 조건을 완벽하게 갖추었다. 그 후 논의가 더 이루어졌고, 조는 칼의 자리를 지킬 수 있었다.

지도록 설득해야 한다. 사람들이 당신의 계획에 관심이 없거나 무시한다면 진전시키기 어렵다. 이럴 때 다른 방법은 아예 존재하지 않는다는 선택의 착각 효과를 일으키면 원하는 목적을 이룰 수 있다.

그 방법에 대해 예를 들어 보겠다. 프로젝트 매니저, 상사, 동료가 당신이 일을 추진하는 데 필요한 회의를 열려고 하지 않을 때 당신은 그들을 꼼짝하지 못하게 만들어야 한다. "이번 주 회의를 언제하면 좋을까요?"라고 묻는다면 "이번 주는 너무 바빠서요"라는 답변밖에 들을 수 없다. 따라서 질문을 바꿔 "이번 주는 너무 바빠서요"가 아닌 두 가지 답을 선택하도록 한다. 예를 들어 "목요일 오후에 회의를 할까요, 아니면 금요일 오전이 좋으신가요?"라고 묻는 것이다. "목요일에 회의할 수 있을까요? 그날은 바쁘신가요?"라는 질문을 하여 그들에게 빠져나갈 수 있는 여지를 주어서는 안 된다. 이러한 이중 은폐 구조를 잘 활용하면 회의 일정을 정할 수 있는 것이다.

자동차 영업 사원이라면 "이 색상의 차종을 원하시나요? 아니면 다른 색상을 더 좋아하시나요?"라고 묻는다. 차를 구매하지 않는다는 제3의 선택을 전혀 주지 않는 것이다. 상황은 다르긴 하지만 "현금으로 계산하시겠습니까, 카드로 결제하시겠습니까?"라는 질문도 같은 맥락이다.

마찬가지로 "어느 모델이 마음에 드십니까?"는 "마음에 드는 것이 없습니다"라는 제3의 선택을 허락하는 것이므로 "A 모델과 B 모델 중 어느 모델로 하시겠습니까?"가 더 좋은 질문이다. 의도하는 답을 이끌어내기 위해 질문을 잘 사용하면 의사결정이 빨라져 이야기가 시간 낭비를 피할 수 있다.

연습이 완벽을 만든다

앞에서 소개한 기법들을 대화에 활용할 수 있도록 충분히 연습하라. 부자연스럽거나 과장되어 보이면 상대방은 불쾌감을 느끼고 라포가 깨질 수 있다. 상대방의 의식이 작용해서 당신이 무의식에 말을 걸고 설득할 방법이 막힐 수 있기 때문이다.

제10장

변화 대응을 위한
유연성

"유연성이 뛰어난 사람은
상대의 의견을 수용할 줄 안다."

유연성이 가장 뛰어난 사람이 전체를 통제할 수 있고
가장 큰 영향력을 발휘할 수 있다.
사람들은 저항하는 것이 아니다.
단지 유연하게 의사소통하지 못하는 것이다.

조직의 성장에 필요한
지각적 입장 기법

사고방식이 유연한 사람은 자신의 의견뿐 아니라 더 많은 의견을 받아들일 줄 안다. 만약 자신의 생각이나 업무 방식만을 고집한다면 그에 동의하지 않는 다른 사람들은 어쩔 수 없이 당신의 의견을 따라야 한다. 따라서 그들의 의견을 바꾸기 위해 서로 논의하거나 때로는 의견 충돌, 또는 논쟁을 감수해야 할 것이다.

모든 일에는 다양한 시각이 존재하기 마련이다. 이때 자신과 다른 의견을 수용하려고 노력한다면, 수용할 능력이 있는 사람이 존경 받게 될 뿐 아니라 강력한 입지를 구축하게 될 것이다. 그렇지 않고 자신의 의견만 고집하여 한정된 시야에 머물러 있다면 다른 사람에게 경쟁력을 빼앗기는 결과를 초래한다. 리더들이라면 상황에 따라 다양한 행동을 취할 줄 알며, 미리 준비해둔 정형화된 답을 제시하지 않는다.

좋은 인재에서 뛰어난 인재로 도약하려면 마음가짐과 사고방식을 비약적으로 바꾸어야 한다. 회의에서 당신의 말을 귀담아 듣지 않는 것이 분명하게 보이고, 기회가 생기면 어떤 말을 할지 머릿속으로 연습만 하는 사람을 자주 접한 적이 있는가? 말은 생각을 표현하는 기회다. 또한 경청은 자신과 상당히 다른 의견을 들을 수 있는 기회다. 가장 좋은 결정은 많은 사람의 경험이나 의견, 사고를 반영한 것이다. 그렇다면 충분한 유연성을 유지하면서 탁월한 결정을 내리려면 어떻게 해야 할까?

누군가와 의견 차이로 대립하는 상황을 가정해보자. 둘 다 자신이 옳다고 믿으며 좀처럼 양보할 생각이 없다. 그 안건은 마케팅에 대한 논쟁일 수도 있고, 예산을 어떻게 사용할 것인지에 대한 결정일 수도 있다. 또는 회식 장소를 결정하는 것만큼이나 간단한 일일 수도 있다. 이럴 때 의견을 자꾸 반복해서 말하는 것은 서로 만족스러운 결론에 이르는 데 전혀 도움이 되지 않는다. 일의 진행을 위해 물러서라는 말이 아니다. 그러한 타협은 아무도 만족시킬 수 없다. 내가 강조하고 싶은 것은 반드시 하나의 답만 있는 것이 아니라는 점이다. 앞의 예를 보아도 한 가지 주제에 수많은 좋은 답과 다양한 방법이 존재할 수 있다. 가능성을 다양화하기 위해 적극적으로 가능성을 모색할 준비가 되어 있으며, 여러 의견이 타당할 수 있다는 점을 인정하겠다고 지금 바로 결심하라.

이 말이 당신에게 어떤 도움이 될 수 있을까? 이 말을 깨닫는다면 상사나 동료, 고객, 협력업체의 생각을 이해하는 데 도움이 될 것

> "결정은 인식을 근거로 이루어지므로 생각을 관리하라. 인식은 투영되는 이미지를 통해 형성된다. 즉, 사람들은 당신의 말과 행동을 보고 당신을 인식한다. 그러므로 인식을 바꾸고 싶다면 투영되는 이미지를 바꿔라."
>
> 가레스 제임스(피플플러스)

이다. 예를 들어 당신이 고객 서비스 일을 한다면, 고객이 왜 화를 내는지 이해하는 데 도움이 된다. 또한 사람들의 다양한 의견을 통해 혼자서는 생각지도 못한 방법으로 앞으로의 계획을 세울 수도 있다.

하고 싶지 않은 일이나 어려운 일을 맡으라는 상사의 지시가 내려졌을 때 유연한 자세를 가진다면 상대방이 왜 그러한 일을 시켰는지 더 명확히 이해하는 데 도움이 된다. 예를 들어 비용을 절감하기 위해 부서원을 해고해야 하거나 동료들이 해고되는 모습을 볼 때, 이런 일이 일어나는 진정한 이유를 알아야 변모하는 업무 환경에 빨리 적응할 수 있다. 상사는 당신의 완고한 모습에 대해 의지력이 강한 것으로 평가할 수도 있다. 반면 당신을 고집이 세고 갑갑한 사람으로 생각할 가능성도 있다.

여러 관점과 입장(NLP에서는 '지각적 입장Perceptual Positions'이라고 표현한다)을 오가는 훈련을 거치면 조직에서 성장하는 데 필요한 마음의 폭을 넓힐 수 있다.

"개인적인 상황이 허락하는 한 최대로 유연하게 행동하라. 예를 들어 야근해야 한다면 남들이 먼저 나서게 하지 말고, 또한 도움을 주려고 하지 않는 사람으로 기억되지 않게 하라. 야근 수당은 항상 요긴하게 쓰일 것이라고 생각하라. 유연성은 특히 회사의 상황이 어려울 때 직원이 갖추어야 할 가장 값진 자산이다."

매튜 알솝(FCSPD 서포트 상무)

지각적 입장Perceptual Positions의 원리

나의 관점

이것은 당신의 관점이자 내면이라 할 수 있다. 당신의 눈으로 세상을 바라보고, 당신의 귀로 말을 듣고, 정보를 수용하여 상황을 파악해야 한다. 자신의 관점 안에서 바라보기 때문에 편안하다.

의자에 앉아 어떤 상황을 포장하여 눈앞에 놓인 박스에 넣고 그 상황을 보고 있다고 상상해보자. 당신은 직접 그 상자를 볼 수 있고 상자가 어떤 모양인지 자세히 볼 수 있다. 잠시 당신이 볼 수 없는 것은 무엇인지 생각해보자. 반대쪽에서는 상자를 볼 수 없고 위나 아래에서도 볼 수 없다. 정해진 관점에서 보이는 것만 볼 수 있는 것이다. 무엇을 생각하고 행동하든지 그 관점에서만 바라본다면 최고의 결정을 내릴 수 없다는 사실을 깨달을 수 있다. 외관만 찍은 사진을 보고 집을 사겠는가? 집을 사려면 도면을 비롯해 정원 사진, 위에서 찍은 사진, 마을 지도도 봐야 할 것이다. 그렇다면 당신이 모르는 것은 무엇이고 볼 수 없는 것은 무엇일까?

타인의 관점

타인의 관점은 상황을 새로운 방식으로 경험할 기회를 준다. 즉, 상황을 다르게 보고 듣고 느낄 기회다. 닫힌 문 뒤에서 어떤 말이 오가는지 궁금했던 적이 있는가? 이제 그 문을 열고 직접 경험해보자.

방에 다른 의자를 가져다 놓고 앉아 보자. 이는 다른 사람의 의자에서 상황을 경험할 수 있는 기회다. 다른 위치에서 상자를 보게 되면 시야가 달라지고, 다른 시각에서도 다른 사람들을 볼 수 있다. 그뿐 아니다. 자기 자신을 볼 수 있고, 열심히 진행되는 상황을 관찰하는 입장이 된다. 상황은 같지만 다른 방향에서 참여하는 것이다.

객관적 관찰자의 관점

우리는 벽에 붙은 파리가 되어 주변을 살필 수 있는, 즉 눈에 띄지도 않고 참여할 필요도 없는 입장이 되고 싶었던 적이 있을 것이다. 이제 방에 세 번째 의자를 가져다 놓자. 이 자리는 사람들과 자신의 관계나 대화가 어떻게 이루어지는지 볼 수 있으나 감정적으로 전혀 동요되지 않고 의사결정 과정에 참여하지 않는다. 이 관찰자는 결과에 관심이 있고, 상황을 객관적으로 지켜볼 수 있다. 경기가 규칙에 따라 공정하게 진행되는지 보기는 하지만, 선수들과는 이해관계가 전혀 없는 심판과 다름없다. 기업 이사회 의장의 이상적인 모습은 그런 객관적 관찰자 역할을 하여 논쟁의 열기를 가라앉히고, 사람들에게 객관적인 사실을 전달하는 것이다.

지각적 입장 기법의 유용성

이 기법을 익혔다면 어떻게 실제 상황에 적용할 수 있을까? 실패란 없으며 당신을 성장시킬 값진 피드백과 깨달음만이 있다는 사실을 염두에 두면서 현재 자신이 신경 쓰고 있는 업무를 생각해보자. 고객이 품질에 불만을 제기하거나 최근 비용 절감을 지시한 재무부서에 불만이 있는 상황, 또는 연봉 인상을 승인받지 못하거나 임시직에서 정규직으로 전환되지 못한 상황도 있을 것이다.

특정한 상황을 떠올렸으면 머리를 비우고 상상의 방에 의자 세 개를 놓도록 해보자. 시간과 공간이 허락한다면 실제로 부엌의 식탁이나 빈 회의실에서 해보는 것은 어떨까?

의자를 삼각형 모양으로 놓고 서로 2미터씩 떨어뜨려 놓는다. 그리고 각 의자에 '나', '타인', '객관적 관찰자'라는 표시를 붙여둔다.

1단계

의자에 앉거나 옆에 서서 '타인'의 의자를 보아라. 지금 특정 문제에 대한 답을 찾고 있으므로 그 '타인'이 누구인지 알고 있을 것이다. 일과 관련된 특정 상황을 생각하고, 자신을 바꾸려는 것이다. 타인을 바꾸는 것이 아니기 때문에 스스로 자신에게 '이 행동이 나에게 어떤 영향을 미치는가?' 라는 질문을 던져야 한다. 지금쯤 자신이 무엇을 원하고 생각하고 있는지 분명히 알 것이므로 '타인'을 통해 지금 하려는 일이 어떤 영향을 미칠지 파악하라.

2단계

의자에서 일어나 마음의 와이퍼를 이용해 마음을 깨끗하게 닦고 '타인'의 의자로 간다. '타인'은 당신이 구체적으로 지정한 고객, 동료, 또는 문제의 일부가 되는 누군가다. 의자에 앉거나 의자 뒤에 서서 타인의 처지에서 자신을 바라보라. 지금 타인이 보는 세상을 보고 있으며, 타인에게 동화되어 그 사람이 듣고 느끼는 것을 똑같이 듣고 느낄 수 있다. '나'라고 표시된 의자를 보고 '이 행동이 나에게 어떤 영향을 미칠 것인 가?'라는 질문에 답해 보도록 하자. 타인의 눈으로 당신을 바라보고, 당신이 보고 느낄 타인의 의견을 적극적으로 들어보자.

3단계

다시 마음을 닦아내고 이전 상태에서 벗어나 '객관적 관찰자'라고 쓰인 세 번째 의자로 간다. 이제 당신은 논의를 볼 수는 있지만, 관찰하고 듣고 느끼는 대상에 감정이입을 할 수는 없다. '나'와 '타인' 양쪽의 말을 주의 깊게 들어보고, '이 행동이 결정에 어떠한 영향을 주는가?'를 생각하라. 당신은 첫 번째와 두 번째 의자에 모두 있었기 때문에 두 시각을 통합하고 양측에 모두 이익이 될 수 있는 제3의 시각을 형성할 수 있다.

이제 의자를 옮겨 1미터 간격으로 놓아라. 그리고 나서 방금 했던 훈련을 그대로 반복하라. 이번에는 다른 쪽이 더 가깝고 명확하게 보이므로 더 많은 것을 배우고 깨달을 수 있다. 고민하던 것들에 대한 답이 나오고 결정하기 위한 새로운 틀을 만드는 데 도움이 될 것이다.

결과

마음속 훈련을 통해 다양한 관점을 경험한 당신은 이제 더 나은 결정을 내리고 조직에 기여할 수 있다. 즉, 회사에서 항상 생길 수 있는 개인적인 의견 차이나 논쟁에 대응할 준비를 갖추게 되는 것이다.

예상치 못한 일 대비하는 법

회의에 참석했다가 갑자기 예상치 못했거나 답할 수 없는 질문을 받은 적이 있는가? 수많은 자료를 검토했고 이미 잘 아는 내용인데도, 질문을 받은 순간 갑자기 머릿속이 텅빈 것 같다. 질문이 쉽든 어렵든 그냥 답이 나오질 않는다. 회의실은 고요하고, 사람들은 당신을 바라보며 기다린다. 이 상황에서 당신은 무엇을 할 것인가?

이러한 시나리오에 대해 준비가 되어 있지 않으면 당신은 머리가 멍해져 그 자리에 얼어붙거나 당황하게 될 것이다. 그런 모습은 다른 사람들에게 일을 제대로 파악하지 못하고 프로답지 못하다는 인상을 준다. 이런 일은 모든 사람에게 일어날 수 있다. 그러나 이런 경우 여러 수단을 동원해 능숙하게 활용함으로써 위기에 잘 대처하고 업무 이해도가 높으며, 조직을 제대로 이끈다는 평가를 받을 수 있다.

① 마음을 차분히 한 후 연습하라. 당신이 최고였고 아무도 모르는 답

을 유일하게 알던 때를 떠올려보라. 그때 어디에 있었고 주변에 누가 있었는지도 생각하라. 그 강렬했던 느낌과 답을 알고 있다는 쾌감을 되살려보자. 당신이 답을 제대로 말하고 있다는 긍정적이고 편안한 내면의 목소리를 들어라. 그러한 감정을 통해 정신적 힘을 얻는 최고의 순간을 기억하고, 이제는 신체적 닻을 만들어 내려라. 왼쪽 귀를 살짝 꼬집거나, 발을 구르거나 오른손 새끼손가락의 손톱을 살짝 눌러보는 등 자신이 편안하게 느끼는 동작을 통해 즉시 차분하고 자신감 있는 상태를 떠올릴 수 있도록 한다. 때때로 마음은 공포로 가득 차고 나는 답을 모른다는 내면의 외침이 들릴 때가 있다. 까다로운 질문에 대한 답이 즉시 떠오르도록 하는 마법은 없겠지만, 신체적 닻은 평정을 찾고 무의식으로부터 정답이 떠오를 여유 공간을 마련할 수 있다.

• ② 답을 모를 경우 분위기를 전환하기 위한 화법을 사용해보자. 뛰어난 인재는 당황하지 않으며, 회의에서 정신없어 보이거나 멍하게 보이지도 않는다. 앞에서 배운 대로 차분한 상태에 이른 후, 어떻게 답할지 결정한다.

"좋은 지적입니다. 제가 지금은 구체적인 자료를 갖고 있지 않습니다. 회의가 끝난 후 이메일로 알려드리고 이와 함께 (무언가 중요한 내용을 생각해낸 후) 다른 자료도 보내드리겠습니다"라는 말로 주위를 환기시키

"지적 영역이든 문화, 음악, 취향 등 새로운 것이 싫다고 섣불리 인정해서는 안 된다."
클레어 하워드(아카데미 28)

고 계속 회의를 진행시킨다.

순발력이 있는 유연한 인재는 논의의 초점을 바꿀 줄 알며 논의를 건설적인 방향으로 이끌 수 있다.

유연한 업무 환경 만들기

　적절한 업무를 적절한 위치에서 수행하려면 업무 환경이 유연해야 한다. 방해받지 않고 집중해서 엄청난 양의 보고서를 읽거나 전화 연락을 수없이 주고받으려면 시끄럽고 활기 넘치는 사무실은 적당하지 않다. 이런 경우 조용한 사무실에서 일하거나 하루쯤 재택근무를 하는 것이 최상의 선택이다.

　이와 반대로 세상 돌아가는 일, 다른 사람들이 알고 있는 일을 비롯해 다른 사람들의 의견을 듣고자 한다면 휴게실이나 티타임 장소 등이 적합하다. 이처럼 사무실에서 비공식적으로 나누는 이야기와 논의를 통해 나오는 흥미로운 정보들은 당신의 업무에 중요한 단서를 제공할 수 있다. 출근 시간을 절약해 일을 더 많이 하고 싶겠지만 재택근무에 지나치게 의존하지 않도록 조심하라. 눈에 보이지 않는 직원이 되면 충분히 인정받지 못할 위험이 있기 때문이다. 회사에 자주 나오지 않는다면 주변 상황을 파악하기 어렵고, 당신이 능력 있는 인재라는 것도 보여줄 수 없다.

유연하고 비중 있는 사람으로 알려질 가장 좋은 방법은 다양한 의견을 제시하고 다른 업무에도 적극적으로 참여하는 것이다. 예를 들어 당신이 재무 또는 영업 관리 부서에서 일한다고 해도, 부서 영역 외의 다양한 회사 업무를 배우지 못하게 할 사람은 없다.

유연한 접근법

해야 할 일을 명확히 이해하고 체계적으로 일하면서 목표를 향해 똑바로 나아가고 싶은 사람들이 있을 것이다. 그렇게 일한다면 항상 주변 정리를 잘하고 시간을 잘 지키며, 집중력 있게 일을 잘하는 사람으로 평가받을 수 있다. 이런 사람은 그 어떤 것도 운에 맡기지 않으며 업무 목록을 정해두고 철저하게 그에 따른다. 회의 일정은 미리 정해두고 계획을 세워두며 직원들에게 일정을 알리고 업무를 분담한다. 그리고 자신이 해야할 일을 파악하고 목표 달성을 위해 꾸준히 확인한다.

이런 사람은 자신이 나아갈 방향과 길을 결정했고 삶의 목적이 분명하기 때문에 안정감이 있다. MBTI(마이어스-브릭스 유형지표, 성격유형검사) 검사 유형에 따르면 이런 사람은 판단형인 J 유형이다.

MBTI는 카를 융의 심리유형론을 바탕으로 수년에 걸쳐 개발된 성격유형검사다. 이 검사를 통해 사람이 세상을 어떻게 인식하고 남들과 어떻게 의사소통하는지 확인할 수 있으며, 개인과 부서들이 업무 및 대인관계를 긍정적이고 건설적으로 발전시키도록 도움을 얻을 수 있다.

다양한 가능성과 다른 선택에 우호적인 유형의 사람은 자신이 해야 할 일을 잘 알고 있으며, 가능성과 잠재성을 탐구하고 확장하기를 좋아한다. 또 여러 길을 개척하고자 하는 의지가 강하고, 도착보다 여정 자체에서 더 큰 보람을 느낀다. 이러한 사람을 MBTI에서는 P 유형(인식형—옮긴이)이라고 하는데, 이 유형은 다양성과 선택을 사랑한다. 따라서 결정이 내려지는 것은 다른 가능성의 차단을 의미하므로 아쉬움을 느낀다.

당신이 J와 P의 중간 어디에 위치하든 이 두 성격 유형의 장점을 이해했을 것이다. 유연한 사람은 다른 사람보다 많은 것을 볼 수 있으며, 변화하는 상황에 쉽게 적응할 수 있다.

당신이 얼마나 유연성을 지향하는지와 상관없이 확실한 결정이 필요한 시점이 반드시 있다. 결정을 내려야 하고 선택을 해야 하며 결정된 사항을 팀에게 이해시켜야 한다.

제11장

함께 성장하는
팀 플레이어

"강력한 팀은 혼자가 아니라 함께 만드는 것이다."

세상은 당신에게 우호적이고, 함께 일하는 동료들은
거의 모두 최선을 다해 일하며 협조적이다.
이러한 점을 활용하여 적극적이고 강력한 팀을 만들어라.

성장과 변화를 위한
구조적 모형

"모든 행동은 선의에서 나온다."

우리 모두가 최선을 다한다는 믿음은 NLP의 핵심 원칙 중 하나다. 말썽을 피우거나 싸우거나 일을 망치려고 회사에 오는 사람은 아무도 없다. 모든 사람은 팀 플레이어를 원한다. 당신 또한 업무 능력을 떠나 조직에서 중요한 비중을 차지하는 인물이 되길 원할 것이다. 어떤 사람은 천성적으로 협업에 뛰어나고, 어떤 사람은 혼자 일하는 것이 더 편하고 좋을 수 있다.

일하면서 일종의 팀워크 강화 프로그램에 한 번도 참석한 적이 없는 사람은 거의 없을 것이다. 사람들의 능력은 서로 다르기 때문에 제대로 접근한다면 장점을 끌어낼 수 있다. 모두가 팀 플레이어가 되면 유리하다는 의미다. 만약 협업에 쉽게 적응하지 못한다면 이제 자신을 어떻게 개선할지 노력하면 된다.

최상의 팀은 일을 함께 잘할 수 있으며, 힘을 합쳤을 때 팀원 각자의 힘을 더한 것보다 더 큰 효과를 발휘한다. 서로 다른 사람들과 함께 일한다는 것은 결코 쉽지 않다. 그러나 서로 다르다는 바로 그 점 덕분에 팀이 성공할 수 있다. 다만 개개인의 차이점에서 발생하는 문제점을 해결하지 못한다면 서로 원만하게 일할 수 없다. 이런 배경에서 회사가 무엇을 해줄 것인지가 아니라, 회사를 위해 무엇을 해줄 수 있을지 고민하게 된다면 당신은 회사에서 꼭 필요한 존재가 될 것이다. 뛰어난 인재는 회사에서 꼭 필요하다고 생각하는 사람이므로 회사에 값진 기여를 해야 한다. 자, 이제 회사가 당신 없이는 일할 수 없도록 하라.

논리적 단계를 통해 변화를 겪은 팀과 당신의 생각을 일치시키려면 우선 회사와 회사의 가치가 자신에게 잘 맞는지 봐야 한다. 만약 회사의 가치가 불편하거나 마음에 들지 않는다면 그 이유를 찾도록 해보자. 더 좋은 출발점은 중요한 가치가 무엇인지 파악하고 성공을 거두기 위한 곳에 제대로 왔는지 먼저 확인해보는 것이다.

NLP의 권위자인 로버트 딜츠Robert Dilts는 성장과 변화를 위한 구조적인 모형을 개발했는데, 헤더 서머스와 내가 공동 집필한 《행운의 책The Book of Happiness-Brilliant ideas to transform your life》에서 그것을 '행복으로 가는 계단Stairway to Happiness' 이론을 개발하기 위한 토대로 사용했다. '행복으로 가는 계단' 검사지를 통해 행복으로 가는 논리적 단계를 보려면 www. switchtosuccess.co.uk를 방문하라.

이 책을 읽기 시작할 때 최종적인 목표를 이미 정해두었다는 것을 인정하면, 목표를 향한 길에 분명한 단계들이 있음을 알게 될 것이다.

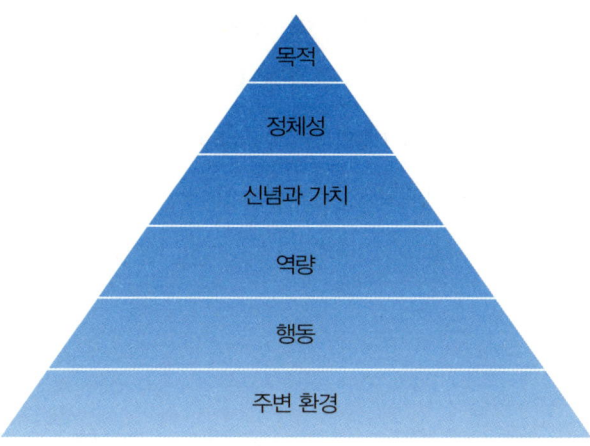

이 단계들을 이해함으로써 약간 편하지 않았던 부분이나 정확하게 일치하지 않는다고 느꼈던 부분을 구분할 있는 기회를 얻을 수 있다. 변화가 필요한 부분을 확인하고 장벽을 제거하며, 과거에 당신의 발전을 막았던 맹점들을 볼 수 있다. 게다가 이 모형과 사고방식을 통해 동료와 회사를 도울 수도 있다. 모든 사람의 방향을 일치시켜 조화를 이루고 같은 가치를 기반으로 동일한 목표를 향해 나간다면, 기업의 성과가 개선되고 전보다 좋은 평가를 받을 것이다.

좋은 인재를 넘어 뛰어난 인재로 도약하려면, 홀로 고립되어 일하거나 다른 사람들과 긴밀한 협력을 할 필요가 없는 특이한 업무가 아닌 이상 동료들과 함께 발전해가야 한다. 팀과의 협력을 통해 팀원들의 목표를 알 수 있고, 팀 전체의 성과 개선을 이룰 수 있다. 팀원들이 서로 조화를 이룬다면 팀의 능력에 대한 확신이 커지고 팀의 성과는 빛을 발할 것이다.

이 모형을 변화 추구에 사용할 때, 성공에 필요한 수단을 모두 갖추려면 현재의 단계보다 더 높은 단계에서 생각할 수 있어야 한다. 예를 들어 '주변 환경' 단계에 있다면 적절한 '행동'을 함으로써 다음 단계로 나아가야 한다. 즉, 변하기로 마음먹었다면 지금 하는 일(행동)을 바꾸거나 '역량'을 개발하고, '신념'을 바꾸거나 자신의 '정체성'을 재평가하라.

변화를 위한 논리적 단계

[1단계] 주변 환경

주변 환경이란 당신이 주변을 둘러볼 때 보고 듣고 느끼는 것을 의미한다. 당신이 살고 일하는 장소, 출퇴근길, 사무실, 주차장 등 활동하고 있는 곳이 모두 포함된다.

2년 이상 직장생활 경력이 있는 사람들을 대상으로 연구한 적이 있다. 그들은 금융업, 의료, 교직, 광고 등 다양한 직종에 종사했다. 나는 그들에게 무엇이 업무 성과에 가장 큰 영향을 주는지, 만약 할 수 있다면 바꾸고 싶은 한 가지는 무엇인지 질문했다. 그들은 한 명도 빠짐없이 출퇴근 소요시간, 유연하지 않은 근무시간, 직장의 위치 등 환경적인 요소를 지적했다.

업무 환경에 크게 만족하지 않는다면, 환경을 바꿔보도록 하자. 책상을 옮기거나 사무실 인테리어를 바꾸거나 조명을 밝게 하라. 또 라디오

Insight in story

를 가져오거나 반대로 라디오가 거슬린다면 꺼둬라. 만약 환경에 근본적인 문제가 있다면 잠재력을 모두 실현할 수 있도록 과감한 변화를 고려해보는 것도 방법이다.

스스로 "나는 내가 있고 싶은 곳에 있는가?"라고 질문해보라. 적합한 지역에 있는 적합한 회사에서 적합한 업무를 하고 가치를 공유하는 동료들에게 둘러싸여 있다면, 성공을 향한 고속도로를 달리게 될 것이다. 만약 당신에게 적합하지 않은 요소가 있다면 모래 위에 집을 짓고 있는 것과 다름없다.

회사의 사장이나 임원이라면 직원들에게 제공하는 업무 환경이 어떤지 잠시 생각해보라. 직원들이 일하고 싶은 장소인가? 직원들의 발전을 위해 업무 환경을 어떻게 개선하면 좋을까? 어떤 직원들은 과일, 필라테스 수업, 피트니스 센터 이용권, 식대 지원 또는 직원 회식과 같은 대우에 만족해한다. 어떤 직원들은 일의 목적의식과 성취감을 느낄 수 있도록 더 큰 권한을 위임받기를 바라는 등 물리적 환경 이상의 변화가 필요하다고 생각한다.

[2단계] 행동

당신이 행동하는 방법에는 무엇을, 어떻게 하고 누구와 일하며 또 다른 사람들과 어떻게 어울리는지가 포함된다. 무엇을 생각하고 말하며, 어떻게 말하는가 하는 문제에도 행동은 직결된다. 행동은 당신의 통제하에 있기 때문에 자신의 행동과 상황에 반응하는 방식에 책임을 져야 한다. 다음의 논리적 단계가 역량이라는 점을 염두에 두고 자신의 행동에 대해 생각하려면 자신의 재능과 능력을 함께 고려해야 한다.

목표와 목적의식은 행동과 일치해야 한다. 능력 있는 팀의 일원이 되거나 리더가 되고자 한다면 행동이 팀의 목적에 부합해야 한다. 당신은 변하지 않으면서 다른 사람들에게 기준을 따르라고 하는 것은 의미가 없다. 최고의 관리자는 솔선수범하여 바람직한 직장 윤리를 모든 직원의 습관으로 만든다.

- -

크리스틴은 고급 의류 체인 기업의 상무였다. 그녀는 충동적이고 창의적이었으며, 매우 유연하게 일했다. 어느 날 크리스틴은 회사가 더 나은 명성을 얻고 수익을 거둘 수 있는 새로운 추진력을 만들려면 어떻게 해야 할지에 대해 좋은 아이디어가 떠올랐다. 그녀는 바로 팀원들에게 일정을 취소하고 다음날 오전 8시까지 회의에 참석하라고 지시했다. 팀원들은 다른 일정을 취소하거나 연기하게 되어 불만이었지만 모두 회의에 참석했다.

다음날 오전 8시에 팀 전체가 회의실에 모였다. 그런데 그 자리에 크리스틴은 아직 오지 않았다. 항상 시간을 잘 안 지켰던 그녀는 8시 30분이 되어서야 도착했다. 팀원들은 짜증이 나서 그녀의 말에 관심을 기울이지 않았다. 그녀의 계획이 어떠했든 상관없이 크리스틴은 자신의 행동 때문에 일의 추진력을 잃었고 더 이상 팀에게 인정받지 못했다.

당신에게 필요한 변화는 진로에 방해되는 일은 하지 말아야 한다는 점을 깨닫는 것이다. 또한 변화는 무엇이든 새롭게 배워야 한다는 것을 의미할 수도 있다. 엑셀 프로그램을 사용할 줄 모르거나 재무 계정들을 잘 읽지 못하는 사람들이 있다. 당연히 엑셀사용을 능숙하게 할 거라고 다른 사람들은 짐작했을 테지만 그것을 사용할 줄 모른다고 말할 기회가 없었기 때문에 배우려고 하지 않았던 것이다.

이제 당신의 발전을 방해하는 요소를 없앨 계획을 세우고 노력을 기울여보자. 간단하게 외부 교육이나 온라인 교육을 받는 것이 해결 방법일 수도 있다. 만약 당신이 흡연자라면 매시간 담배를 피우러 나가는 것을 사람들이 알고 있다. 그런데 금연 정책을 펼치는 회사에서 일하고 있다면 이제 금연 분위기가 지배적인 세상이라는 사실을 받아들이고, 흡연 때문에 커리어에 문제가 생기지 않도록 변화를 시도해야 한다.

당신에게 유용한 습관을 만들겠다는 결심을 하라. 동시에 당신의 발목을 잡는 습관을 과감히 버리고 변화 계획을 세워라. 아울러 당신의 팀을 관찰하여 해결하고 바꿔야 하는 행동의 사각지대를 파악하라.

[3단계] 역량

역량이란 능숙하게 일할 수 있게 하는 재능과 기술을 의미한다. 역량은 무엇을 할 수 있는지 객관적으로 보여줄 수 있는 학력이나 자격증의 영역을 훨씬 넘어서는 소중한 자산이다.

적절한 환경만 조성된다면 어떠한 기술과 기법도 학습할 수 있다. 다른 일을 하기 위한 기술을 연마하고 싶다면, 어떻게 그 능력을 갖추고 자신이 조직의 다른 사람들을 어떻게 도울 수 있을지 고민해야 한다. 회사의 구성원들이 자신의 능력을 계발하고 도전의 의지를 드러낸다면 회사가 더욱 발전하고 성장할 수 있다. 능력 다음의 논리적 단계는 신념과 가치다. 할 수 있다고 생각하고 꾸준히 역량을 키워나가는 것이 중요하다는 믿음이 있어야 당신과 동료들이 발전해갈 수 있다.

특정 환경에 필요한 기술이 부족하다면 커리어 기회를 갖기 힘들 수 있다. 예컨대 한 인사 관리 경력자는 CIPD(Chartered Institute of Personnel

Insight in story - - - - - - - - - - - - - -

나는 재무부서 이사가 된 성공적인 회계사 샤론을 만난 적이 있다. 그녀는 업무 능력이 출중하고 효율적으로 일 처리를 하는 사람이라고 인정받았다. 그러나 그녀도 전 세계 회계사의 절반이 직장을 못 구하던 시절 정리해고의 아픔을 겪어야 했다. 이후 8개월 동안 성과도 없이 구직 활동과 면접을 반복하던 그녀는 자신의 상황을 진지하게 들여다보게 되었다. 저축은 어느덧 바닥을 보이고 있었고, 자신감이 점점 사라지고 있음을 알게 되었다. 그녀는 자신의 집을 임대하고 프랑스 남부 지역으로 떠났다. 그리고 그곳에서 작은 집을 사고, 새로 생긴 와인 농장에서 일자리를 구했다. 처음에 와인 농장 방문객들을 위해 음식을 요리하던 샤론은 점차 와인 제조에 대해 배우게 되었다. 이후 그녀는 와인 제조에 모든 열정을 쏟아 부었다. 나중에는 와인 농장에 투자했고, 과거의 경력을 살려 사업의 수익성을 관리했다. 이렇게 그녀는 자신의 커리어를 개척하고 기존의 능력에 새로운 지식을 추가한 덕분에 행복과 성공을 이룰 수 있었다.

and Development : 영국의 HR 전문가 양성 과정)의 단계들을 이수하지 못해 계속 커리어의 답보 상태에 있다. 그는 자기 업무에는 뛰어났지만 그 밖의 기술을 갖추지 못했기 때문에 다음 단계로 나아가지 못한 것이다.

자신과 팀을 돌아보고, 앞으로 1년 동안의 계획을 수립하고 실천하라. 진화하는 기업은 진화하는 직원이 필요하다는 점을 인식하고 있다면 앞으로 반드시 인정받는 인재가 될 것이다.

[4단계] 신념과 가치

　신념과 가치는 삶의 원동력이며 행동을 안내하는 기본적인 원칙이다. 스스로 질문해보라. 인생에서 진정으로 중요한 것이 무엇이며, 현재 그러한 방식에 따라 인생을 살고 있는가? 다음 단계는 정체성으로, 자신이 누구인지 아는 것이다.

　팀 관리자이자 리더라면 동료들의 행동을 이끄는 것이 무엇인지 생각함으로써 일의 효율성을 높이고 남들에게서 인정받을 수 있다.

Insight in story

독실한 기독교인이자 청렴한 삶을 사는 토니를 인터뷰한 적이 있다. 그는 부와 명성에 가치를 두지 않았고, 전 세계의 기아 문제와 개도국 문제점들에 관심이 더 많았다. 한 상장사의 재무 책임자인 그의 하루는 이익, 손실, 배당, 마진, 수익성 있는 성장만을 생각하며 반복되었다. 그는 행복하지 않았고, 왜 이 일이 만족스럽지 않은지 알 수 없었다.

어느 날 토니는 국제자선단체의 재무이사 구인 광고를 보았다. 연봉은 훨씬 낮았지만, 그에게는 절호의 기회였다. 이 결정 때문에 금전적인 문제를 겪을 가능성도 있지만 전혀 걱정하지 않았다. 이제 그의 업무에는 안정감과 목적의식이 충만하기 때문이다.

[5단계] 정체성

이제 당신이 진정 누구이며 당신을 특별하게 하는 것이 무엇인지 알아보자. 그것은 당신에 대한 남들의 시각이나 평가가 아니라, 당신이 어떤 사람이냐에 대한 문제다. 그리고 스스로 생각하는 당신의 모습과 다른 사람이 생각하는 당신의 모습을 비교해보자. 두 모습이 일치하는가? 다른 사람들은 당신이 원하는 방향으로 당신을 보고 있는가? 아니면 그들이 무심코 놓친 당신의 모습은 무엇인가?

자기 자신을 아는 것은 변화의 출발점이며, 자기 자신을 명확하게 알고 있어야 다른 사람들의 행동을 변화시킬 방법도 고민할 수 있다. 자아정체성 찾기는 마지막 논리적 단계인 목적 단계, 즉 당신의 존재 이유나 목적을 찾는 과정과 긴밀한 연관이 있다.

최고의 관리자는 자신의 팀이 다양성을 수용하며 지식을 쌓고 새로운 기술을 배움으로써 남들보다 넓은 시야와 우월한 역량을 갖도록 한다. 그러한 팀을 만들려면 자신의 부족한 부분과 효율성을 더 높여야 하는 부분이 무엇인지 아는 것이 핵심이다.

자신을 안다는 것은 당신의 성장을 방해하고 있는 것들을 바꿔나가기 시작할 수 있다는 의미다. 물론 그중에는 변하지 않는 것들도 있다. 따라서 자신에 대해 아는 것은 당신의 단점을 보완해줄 수 있는 사람들을 주변에 둘 기회이기도 하다.

Insight in story

업무 능력을 충분히 갖춘 성공적인 사업가 존에 대한 이야기를 해보겠다. 그는 비즈니스 감각이 탁월했으며 사람들이 역량을 펼칠 수 있는 업무 환경을 조성할 줄 알았다. 덕분에 그의 회사는 지속적으로 수익을 기록했으나 핵심 인물들이 연이어 회사를 떠나자 존은 실망하고 있었다. 그는 직원들에게 성과에 대해 상당한 보상을 해주었다고 생각했기 때문에 그들이 왜 회사를 떠나는지 이해할 수 없었다.

그러던 어느 날 존은 새로 입사한 영업이사와 출장을 갔다가 그와 밤늦게까지 이야기를 나누게 되었다. 영업이사의 말에 따르면 직원들이 모두 존에게 인정을 못 받고 있다고 느낀다는 것이다. 직원들은 존이 너무 냉담하고 회사 상황에 대해 터놓고 이야기하는 것을 꺼린다고 생각했다. 그래서 그들은 존에게 거리감을 느끼고 있었다. 그러한 '감정적 측면'을 중요하다고 생각한 적이 없던 존은 그 말을 듣고 큰 충격을 받았다.

이후 존은 정례 회의를 통해 자신의 감정을 공유하기로 하고 비공식적인 형식의 월례회의를 만들었다. 그리고 직원들에게 한 발 다가서며 자신에게 무엇이 중요한지보다는 직원들에게 무엇이 중요한지 생각하기 위한 단계적 노력을 기울이기로 했다. 그 결과 회사의 사기가 높아졌고, 사람들은 더 많은 권한을 갖고 의견과 아이디어를 개진할 수 있다고 느끼기 시작했다. 이러한 노력을 통하여 존은 예상보다 더 큰 성공을 이룰 수 있었다.

[6단계] 목적

이제 가장 높은 단계이자 나머지 논리적 단계 전체에 강한 영향을 미치는 단계다. 목적 단계에서는 자신의 목적이나 삶의 의미에 대한 질문을 던져야 한다. 세상이라는 큰 그림에서 자신을 어떻게 바라보는가를 알아나가는 것이다. 당신이 왜 여기 있으며, 세상에 어떠한 업적을 남길 것인가라는 다소 거창한 질문이기도 하다. 이 질문을 회사생활에도 적용하여 당신이 어떻게 기억되기를 바라는지 생각하라. 당신의 업적이 오래 기억되도록 하기 위한 가장 좋은 방법은 주변 사람들에게 영감을 주는 롤모델이 되는 것이다.

목적의식이 분명하면 열정이 생겨나고, 회사에 대한 열정은 회사를 이끌고 나가는 원동력이 된다. 자기 자신과 회사가 하는 일에 열정적이지 않다면 모든 것이 항상 무미건조하게 느껴질 것이다.

이 단계에서는 모든 것을 거대한 틀 속에서 바라볼 때 자신의 위치는 어디인지 인식하고, 자신이 회사의 큰 그림에서 일부를 차지한다는 점을 알아야 한다. 이 사실을 깨닫는다면 회사에 기여할 수 있는 부분이 어떤 것인지 확고히 할 수 있다. 결과적으로 주변 동료들을 보면서 그들에게도 같은 기대를 해볼 수 있다. 이러한 생각은 회사와 개인의 열정에 불을 지펴 일에서 원하는 것을 성취할 길을 열어준다.

유사점과 차이점을 바라보는 관점

사람들은 각기 다른 방법으로 다른 사람들과의 관계에 접근한다. 어떤 사람들은 유사점을 먼저 보고, 어떤 사람들은 차이점을 먼저 본다. 이러한 접근법은 변화를 바라보는 시각과 새로운 것에 대한 생각에 영향을 미친다. 사람을 보는 관점에는 여러 가지가 있을 수 있으며 우리는 그중 하나에 더 끌리기 마련이다.

- **유사점** 자신과 비슷한 사람을 찾는다. 유사점에 가치를 두고 적극적으로 찾고자 하며, 자신과 성향이 같지 않은 사람은 배제한다.
- **약간의 차이가 있는 유사점** 자신과 유사한 사람을 선호하지만, 차이점도 받아들이며 이를 흥미롭게 생각한다.
- **차이점** 자신과 반대되는 사람에게 끌리며, 다른 사람들의 생각과 행동을 알고 싶어한다. 차이점에 놀라지 않고 오히려 매력을 느낀다.

- **약간의 유사점이 있는 차이점** 주변 사람들에게서 다양성과 차이점을 확인하고 싶어 하지만 공통점이 있는 사람도 꽤 좋아한다.

최고의 팀은 다양한 구성원이 각자의 강점을 발휘할 수 있다. 서로 잘 알다 보면 새로운 기대감이 없어지고, 고정관념 때문에 다른 사람의 능력을 미리 예측하고 성급하게 한계선을 그어버리기 쉽다. 그러나 뛰어난 인재는 사람들의 기대치를 넘어 성과를 거두는 법을 알고 있다. 자신과 자신의 능력을 인정하라. 차별화되고 도전적인 일을 할 수 있다는 것을 아는 것이 다른 이들에게 인정받는 첫걸음이다.

Insight in story

A라는 회사는 어느 정도 성공적으로 사업을 해왔지만 항상 같은 문제에 부딪혔다. 직원들이 과감하고 열정적으로 문제에 정면 대응하여 일을 빠르게 해결해나갔으나 때때로 큰 시행착오를 저지른 것이다. 이 회사는 어떻게 하면 실수를 방지하면서 계속 성공을 유지할 수 있을지 알고자 했다. 회사 조직과 직원들을 분석한 결과, 구성원들이 너무나 비슷한 성향이라는 것이 드러났다. 열정, 에너지, 속도, 도전 정신이 회사 분위기를 지배하고 있었다. 내향적이고 진지한 사람들은 팀에서 배제되었기 때문에 직원들의 성급한 결정이나 무모한 진행을 막고 잠재적인 함정을 경고해주는 사람이 없었다는 사실이 드러났다. 회사는 이후 기존의 인력과는 다른 유형의 사람들을 채용함으로써 균형을 바로잡아 나갔다. 그 결과 실수를 줄이면서 고속 성장을 지속할 수 있었다.

나와 팀을 위한 팀 플레이어

팀에 완벽하게 적응하려면 우선 자신에게 중요한 가치와 자신의 장점을 파악하라. 자신을 돌아보기 위한 다음의 질문에 답해보자.

잠재력을 끌어내는 질문들

모든 능력을 활용하여 팀에 기여하고 있는가? 아니면 더 기여할 수 있는 다른 재능과 장점이 있는가? 다음의 연습은 마음을 열고 지금 하는 일이 무엇이든 그 이상을 할 수 있음을 일깨워줄 것이다.

누군가와 앉아서 서로 "당신은 어떤 능력이 있습니까?" 라는 질문을 던져보자. 답변이 나오면 상대방은 "그 이상의 능력이 있습니까?"라고 다시 묻는다. 그 질문에 간단하게 "네"라고 답하고 지금보다 나은 능력을 발휘할 수 있다고 확신할 때까지 계속 진행한다.

이 간단한 연습을 통해 마음을 열고 팀에 기여할 수 있는 엄청난 잠재력이 아직 드러나지 않은 채로 있다는 깨달음을 얻게 될 것이다.

이제 팀에서 당신의 역할을 보고 자신이 어떻게 인식되는지 생각해보라. 자신을 동료의 입장이라 가정하고 동료가 보는 자신의 팀 기여도를 생각한 후 다음의 답변을 작성해보자.

회의실에서 당신이 앉아 있는 모습과 다른 사람들이 앉은 자리를 떠올려보라. 당신의 자리에서 일어나 동료들의 자리로 이동해서 그들의 눈으로 당신을 바라보라. 무엇이 보이는가?

벨빈 모형Belbin Model

벨빈 모형은 팀의 구성을 설명하는 데 가장 뛰어나다고 평가받는 모형의 하나다. 이 모형은 팀원들이 기여할 수 있는 다양한 역할을 정의하고, 개개인이 팀 환경에서 어떻게 행동하는 경향이 있는지 설명한다. 메러디스 벨빈Meredith Belbin은 팀원들의 다양한 역할을 다음과 같이 정의했다.

- **창조자**Plant 창조자는 창의적이고 전통에 얽매이지 않으며, 아이디어를 창출하고, 명석하고 자유롭게 사고한다. 창조자는 자질구레한 것에 신경 쓰지 않고 구체적인 부분에 얽매이지 않는다.
- **자원 탐색가**Resource Investigator 자원 탐색가는 인맥과 기회를 적극적으로 모색하여 프로젝트의 초반 팀에 열정을 불어넣는다.
- **지휘 · 조절자**Coordinator 지휘 · 조절자는 자연스럽게 팀의 관리자가 되어 뒤로 물러나 큰 그림을 본다. 자신감 있고 안정적이고 성숙하며 업무를 적임자에게 위임하는 데 뛰어나다. 결정된 사항을 명확하게

전달하여 나머지 팀원들이 자신의 업무에 집중할 수 있도록 한다.

- **추진자**Shaper 추진자는 업무에 집중하는 리더로, 긴장감과 에너지가 왕성하고 성취욕이 높다. 목적을 성취하기 위해 전력을 다하며 다른 사람들도 목적을 달성하도록 자극한다.

- **냉철한 판단자**Monitor Evaluator 냉철한 판단자는 공정하고 논리적으로 주변 일을 평가하는 관찰자 역할을 한다. 가능한 한 모든 방법을 가장 분명하게 검토하는 사람이다. 분석적 사고를 좋아하며 올바른 결정에 도달하고자 한다.

- **분위기 조성자**Teamworker 분위기 조성자는 팀이 원활하게 움직일 수 있도록 돕는다. 경청할 줄 알며 외교적 기술이 있고, 갈등을 부드럽게 풀어주며 팀원들이 서로 사이좋게 일하도록 도와주는 재능이 있다.

- **실행자**Implementer 실행자는 다른 팀원들의 아이디어와 프로젝트를 적극적으로 실천하는 사람이다. 맡은 바를 철저히, 그리고 제시간에 완수한다.

- **완결자**Complete Finisher 완결자는 완벽주의자로, 마지막까지 업무를 철저히 진행한다. 그들은 프로젝트의 구체적인 부분에까지 집중하며, 매우 정확하다.

- **전문가**Specialist 전문가는 자신의 영역에 대해 배우고자 하는 열망이 강하다. 따라서 해박한 지식을 갖추고 있으며 다른 사람들과 지식을 공유하는 것을 즐긴다. 그들은 끊임없이 새로운 것을 배워나간다.

  ※ 벨빈어소시에이츠(Belbin Associates, www.belbin.com)의 허가를 받아 정리 게재

이러한 모형은 많은 생각을 하게 만들고 팀의 강점과 약점에 대해 논의할 수 있는 유용한 수단이 된다. 그러나 모형을 보면서 자신의 역할을 하나로 한정짓지 않도록 주의하라. 조직은 에너지와 변화하는 역동성이 있어야 성공할 수 있으므로 자신이 항상 '추진자' 또는 '자원 탐색가'라고 생각하는 함정에 빠지지 않도록 조심해야 한다. 당신에게 주어진 직책에 집착하지 마라. 당신은 그 이상의 존재다.

사람들이 당신의 현재 역할만 보고 고정관념을 갖지 않게 하려면 어떻게 해야 할까? 당신이 팀의 어떠한 허점과 장애물도 제거하는 다재다능한 팀 플레이어라는 사실을 어떻게 보여줄 수 있을까?

> "자신이 중요하게 생각하는 성과가 아니라 다른 사람들이 중요하게 생각하는 성과를 인정하는 법을 배워라. 사람들을 움직이는 원동력이 무엇인지 관찰해야 한다는 의미다."
>
> 클레어 하워드(아카데미 28)

팀의 기여도를 높이기 위한 전략

가장 최근에 참석했던 회의를 생각해보자. 경영진 회의일 수도 있고, 팀 보고나 특정한 목적으로 다양한 구성원이 모인 회의일 수도 있다. 학부모 회의나 사내 스포츠 동호회 모임일 수도 있다. 팀이란 공통의 목적을 달성하기 위해 모인 사람들의 모임이다.

그 회의를 떠올리고 무슨 일이 있었는지 생각해보라. 회의는 얼마나 효과적이었는가? 빠르게 진행되었는가? 목적에 부합했는가? 계획대로 진행되었는가? 중간에 방향이 바뀌었는가? 최고의 성과를 거두었는가?

이제 회의실 내부의 역학 관계를 관찰해보라. 모든 사람이 공평하게 의견을 말할 시간을 할당받고 골고루 참여했는가? 아니면 한두 명의 팀원이 대화를 장악했는가? 몇 명은 다른 사람들보다 의견을 더 많이 말하면서 참여의 불균형이 일어났을 것이다. 그러나 말을 많이 했다고 해서 목적을 달성하는 데 기여를 더 많이 하는 것은 아니다. 그 몇 명은 주장이 강하고 목소리와 자신감이 더 클 뿐이다.

회의에서의 기여도를 1에서 10점 범위의 점수로 매긴다면 당신은 몇 점인가? 회의에서 큰 기여를 했다고 생각하고, 자신의 생각과 아는 바를 가장 적절하게 표현했다면 10점이다. 기여도는 다른 사람들의 목소리와 의견을 경청하는 것도 포함한다. 반면에 회의에서 자신의 목소리를 전혀 내지 못했고, 기회가 있었으면 의견을 말했을 거라는 아쉬운 마음으로 회의장을 빠져나왔다면, 당신의 점수는 1점이다.

회의를 관찰해보면 보통 팀원을 외향적인 사람과 내성적인 사람으로 나눌 수 있다. 외향적인 사람의 스타일은 다음과 같다.

말 〉 생각 〉 말

반면에 내성적인 사람들의 스타일은 다음과 같다.

생각 〉 말 〉 생각

이 순서를 보면 어떤 조직이든 내성적인 사람의 목소리는 아예 들리지 않거나 충분히 들리지 않을 위험이 존재한다는 것을 알 수 있다.

팀원들의 도움이 있어야만 개인의 성과가 한층 더 나아질 수 있다.

팀원들의 힘을 얻는 데 팀원들을 지원하고 격려하는 것만큼 더 좋은 방법은 없다. 진심으로 남을 위한다는 원칙을 지키면서 일하면 서로 적극적으로 돕는 분위기가 만들어질 것이다.

동료의 기여도를 높이기 위한 전략

① 일부러 의견을 말하도록 이끌지 않으면 말할 가능성이 가장 낮으며 말수도 가장 적은 사람과 깊은 라포를 형성하는 것을 목표로 세워라.

② 그 사람을 자세히 관찰한다. 눈동자의 움직임을 관찰하는 법을 기억하는가? 상대방이 정보와 상황을 어떻게 떠올리는지 나타내는 분명한 신호를 포착하라.

③ 다음과 같이 말해 그 사람이 회의에 참여하도록 하라.

기회가 생기면 다음과 같은 방법으로 참여하라.

• 자진해서 회의록을 작성하라. 회의록 작성은 따분한 일이지만 반드시 누군가는 해야 한다. 그 일을 한다면 당신은 회의에 대한 자신의 의견을 반영할 수 있다. 의견을 주도할수록 회의에서 자신의 존재를 부각시킬 수 있다.

• 새로운 계획에 참여하라. 핵심 업무에 적극적인 역할을 담당함으로써 조직을 기꺼이 돕고 지원한다는 것을 보여준다.

• 회사가 자선 활동을 하거나 어떤 행사의 자원 봉사자를 찾는가? 가만히 있지 말고 참여하라.

매튜 알솝(FCSPD 서포트)

"○○씨는 이 주제에 대한 어떤 의견이 있으신가요?"

"○○씨가 이 내용에 대한 실무 경험이 있는 것으로 아는데요, 어떻게 생각하시나요?"

④ 기다린다.

⑤ 다른 사람이 침묵을 깨지 않도록 한다.

⑥ 여러 사람이 끼어들지 않게 하려면 마이크를 든 사람만 발언할 수 있는 규칙을 만드는 것도 좋다.

> "제대로 정치를 알고 나서 정치에 참여하라. 아마추어는 길을 벗어나기 쉽다."
>
> 가레스 제임스(피플플러스)

모든 팀원이 의견을 말하고 팀에 기여하도록 유도할 영향력이 있는 사람은 남들보다 돋보인다. 아무도 이기적인 사람을 좋아하지 않는다. 따라서 배려심 있고 모든 사람에게서 최고의 성과를 이끌어내는 사람으로 보이도록 하라. 모두가 당신에 대해 그런 인상을 받는다면 팀에서 최고의 가치를 창출할 수 있는 사람으로 평가될 것이다.

상사와의 관계 관리

상사와 깊은 라포를 형성하고 의사소통이 잘되고 있다면 뛰어난 인재로 가는 길이 평탄할것이다. 상사와 항상 잘 지내야 하는 것은 아니지만, 당신은 항상 팀의 중요한 구성원으로 인식되어야 한다. 그런데 만약 상사와의 관계가 잘못된 방향으로 흘러가고 있다면 어떻게 해야 할까? 계획했던 길에서 벗어나고 있다는 분명한 신호를 어떻게 포착할 수 있을까? 다음과 같은 다양한 방법으로 라포의 변화를 감지할 수 있다.

- **눈맞춤** 상사가 당신의 눈을 피하는가? 상사와 상당 기간 함께 일했다면 어느 정도 눈맞춤을 하는 것이 정상인지 알고 있을 것이다. 그런데 변화가 느껴진다면 '이것은 무슨 조짐인가?' 라고 생각해보라. 아마 그 문제는 당신의 행동과는 관련이 없을 가능성이 크며, 상사가 자신의 문제를 공유하고 싶어하지 않는 것일 수도 있다. 사소하든 심각한 문제든 그는 특정한 정보를 당신에게 알리지 않으려고 하는 것이다.

- **방법** 상사의 신뢰를 얻을 방법을 찾고 상황을 파악하라. 상사의 고민을 알게 된다면 두 가지 효과를 얻을 수 있다. 우선 고민을 함께 나눔으로써 상사의 마음을 편하게 만들 수 있다. 그런 다음 무슨 일이 일어나고 있는지 상황을 파악하면 당신의 불안감이 사라진다. 사실을 알고 있다면 몰라서 두려워하는 것보다 훨씬 안심이 된다.

- **얼굴을 마주하는 시간** 갑자기 상사와 함께 보내는 시간이 줄어들고 있다는 것이 느껴진다. 처음에는 느끼지 못했겠지만 어느덧 이것이 특정한 패턴으로 보이기 시작한다. 상사는 당신과 독대하는 것을 꺼리는 것 같고, 회의를 자꾸 취소한다.

- **방법** 상사와 더 많은 시간을 보내기 위한 목표를 세워라. 당신의 목표는 상사가 당신을 피하려고 하는 것보다 강력해야 한다. 그런데 상사와 더 많은 시간을 보낸다는 것은 진취적 목표인 반면, 상사의 목표는 회피를 위한 목표다. 분명하고 긍정적인 목표는 언제나 회피를 위한 목표를 이길 수 있다. 이번 일을 기회로 상사와 깊은 라포를 형성하고 문제의 본질에 다가서라.

- **언어** 대화를 나눌 때 어조의 뉘앙스를 포착하라. 회의뿐 아니라 전화, 이메일에서 어조도 관찰하라.

- **피드백** 당신이 더 이상 중요한 프로젝트에 참여할 수 없다는 것은 무슨 의미일까?

- **방법** 두 번째 징조와 마찬가지로 이 문제를 상대적인 관점에서 보는 것이 중요하다. 만약 당신의 부서가 어떤 중요한 프로젝트를 맡지 못한다면 현재 속한 부서에 문제가 있다는 의미다. 조직에서 주도적인 역할을 담당하는 부서에서 일할 방법을 찾아야 한다. 그러나 핵심 프로젝트가 한 부서로 계속 배정되고 있거나 상사가 동료들에게만 업무를 맡긴다면 이는 당신에게 좋은 징조가 아니다.

- **부정적인 어조** 당신의 아이디어에 대한 상사의 의견이 필요 이상으로 부정적이다. 예를 들어 "조직을 운영하는 사람은 바로 나입니다."라는 말을 들었다고 해보자.

- **방법** 이는 당신이 상사의 권위를 넘어서려고 했다는 것을 암시한다. 엄하고 까다로운 상사라도 부하에게 직접적인 피드백을 주는 것을 꺼릴 수 있다. 그러므로 당신이 잘하고 있다는 섣부른 착각은 하지 마라. 상사와 자신의 성과에 대해 상사의 평가를 들은 지 시간이 꽤 흘렸다면 면담을 요청하라. 상사와의 관계가 다시 원만해질 것이라는 보장은 없지만, 이렇게 함으로써 상황을 뒤바꾸고 팀을 통해 더 나은 성과를 거두는 능력을 보여줄 기회가 될 수 있다. 상사의 피드백도 겸허히 받아들이고 그것을 통해 자신의 시야를 좀 더 넓힐 것이라는 의지를 보여줘라.

제12장

만남의 가치를 높이는
인간관계

"인맥을 통해 커리어를 관리할 수 있다."

사람들과 적극적으로 교류하고,
지금 알지 못하더라도 나중에 필요한 사람을 사귀어라.
인맥을 통해 커리어의 모든 차원에서
당신의 가치를 높일 방법을 찾을 수 있다.

최고의 자원은 사람이다

    NLP는 뛰어난 인재들과 친분을 쌓을 것을 권한다. 당신과 비슷한 가치를 공유하는 사람들로 주변을 채우도록 하라. 이는 꼭 필요한 일이다. 또한 당신이 바라는 성공에 이미 도달한 사람과 알게 된다면 더욱 열정적으로 일하게 될 것이다.

    당신과 비슷하지 않은 사람들이 주변에 있다고 생각해보자. 그들과 감정싸움을 하느라 에너지를 소모하게 된다. 천부적으로 긍정적인 사람은 부정적인 성향의 사람을 대하는 것이 매우 어려울 것이다. 걱정과 불만이 많고 모든 면에서 최악의 상황을 떠올리는 사람들은 다른 사람들의 에너지를 흡수해버린다. 그러므로 부정적인 사람을 피하는 것이 낫다. NLP에는 '사람은 갖추고 있는 자원을 바탕으로 자신이 할 수 있는 최선을 다한다.'라는 말이 있다. 따라서 더 많은 자원이 생긴다면 더 큰 성공을 거둘 수 있다. 최고의 자원은 사람이다. 이제 보유하고 있는 인적 자원을 새롭게 바꾸고, 주변에 열정적인 에너지를 주입하자.

불필요한 인간관계 정리하기

인맥을 확장하고 성공한 사람들에게 다가서기 전에 현재의 인맥, 당신의 주변 사람들을 살펴보라. 공연장에 있는 당신의 모습을 상상하라. 관객석 첫 줄에서 빈 무대를 바라본다. 좋아하는 음악을 틀어놓고, 빈 공연장에서 기분이 편안해지는 것을 느낄 수 있다. 학교 친구, 직장 동료, 대학 동창, 가족, 지인, 고객, 이웃 등 누구든 한 명씩 무대로 불러 올라가도록 한다. 그들은 당신을 향하고 있지만 당신만 그들을 볼 수 있는 위치이므로 편안한 마음으로 자세히 관찰한다.

한 명씩 바라보면서 그들과 진심으로 우정을 나누고 있는지 스스로 물어보라. 그들과의 경험이 긍정적이고 창조적이며 서로 도움이 되는지 생각해보라. 만약 서로의 관계가 무언가를 창조하는 것이 아니라 파괴하는 측면이 더 크다면, 그 사람을 불러 무대를 떠나게 한다. 이렇게 한 명씩 모두 관찰하고 나서 당신 내면에 누가 남아 있는지 보라. 얼마나 많은 사람이 무대를 떠났는지 보고, 그 빈자리를 당신에게 적합한 사람들로 어떻게 채울지 계획하라.

인맥 형성하기

과거에는 '전화번호 수첩'에 몇 명의 번호가 있는지가 중요했다면, 이제는 링크드인이나 마이크로소프트 아웃룩의 주소록 등을 통해 얼마나 넓은 인적 네트워크를 보유했는지에 따라 인맥을 가늠하게 되었다. 최고의 인맥을 보유한 사람들은 세상을 훤히 볼 수 있는 창문을 갖고 있는 것과 같아서, 여러 자원을 활용하고 업무에 새로운 시각들을 적용할 수 있다.

나는 헤드헌팅 업무를 위해 인터뷰를 하면서 특정 지원자가 현재 상황과 업무에 잘 맞는 인맥을 보유하고 있는지 기록한다. 변화 속도가 엄청나게 빠르고 이 속도를 놓치면 퇴보하는 오늘날의 기술 중심 사회에서는 영업 사원뿐 아니라 기술자, 혁신과 관련된 사람 등 모두에게 인맥이 중요하기 때문이다.

사람들과 전혀 소통이 필요 없는 일을 하고 있지 않는 한 누구든 동료, 고객, 경쟁자, 업계 리더들과의 관계를 관리해야 한다. 이러한 활동은 당신의 가치를 높여주고, 또한 상대방의 가치를 높여주기도 한다. 당신은 좋은 인재에서 뛰어난 인재로 도약하기 원하므로 지금보다 더 넓은 인맥이 필요하다는 점을 명심하도록 하자. 지금의 인적 네트워크가 얼마나 좋든 간에 더 나은 네트워크를 만들 수 있다. 링크드인과 페이스북의 친구가 현재 몇 명이든 인맥을 더욱 확장할 수 있으므로 현재의 직업과 업무에 관련된 사람들과 끊임없이 소통해나가야 한다.

이제 인맥 강화를 위한 목표를 설정해보자. 현재의 인맥이 어떤 상태이든 지금부터 이미 알고 있는 사람들과의 관계를 강화하는 동시에 한 달에 몇 명 이상 새로운 사람과 사귀겠다고 결심하라. 어떤 사람들을 몇 명이나 사귈 것인가? 고려해야 할 대상은 다음과 같다.

- **동료** 사무실, 다른 부서, 지사의 동료 등을 포함한다. 글로벌 기업에서 일한다면 해외에도 아는 동료가 있는가?
- **협력 업체** 사무용품을 공급하는 직원, 샌드위치를 배달하는 직원일 수도 있고, 공장 원자재를 납품하는 기업의 직원일 수도 있다.

- **고객** 다양한 고객과 충분히 접촉하고 있는가? 고객들에게 최선을 다하고 있는가? 고객과의 긴밀한 관계는 성공의 굳건한 기반이 된다. 고객의 계획에 대해 더 많이 들을수록 당신이 그들을 위해 해줄 수 있는 일이 많아진다.

- 현재는 당신과 연줄이 닿아 있지 않은 낯선 사람들도 앞으로 당신에게 어떤 역할을 하게 될지 모른다. 전시회, 세미나, 컨퍼런스, 또는 고객사와의 오찬에서도 중요한 인연을 만날 수 있다. 그렇지 않다고 어떻게 장담하겠는가?

> "연락을 유지하라. 회사 안팎에 인맥을 형성하고 채소 농장을 가꾸듯이 정성을 쏟아라. 씨를 뿌리고 다른 사람들에게서 가지를 얻어 이식하기도 하고 물과 비료를 주어라. 가지치기를 통해 말라버린 부분과 필요 없는 부분을 언제 잘라내야 할지도 알고 있어야 한다."
>
> 클레어 하워드(아카데미 28)

가장 중요한 인맥은 내부 인맥이다. 현재의 직장에 입사한 지 얼마 안 되었다면 사람들과 친분을 쌓아가야 하고, 다른 사람들에게도 당신을 적극적으로 알려야 한다. 조용히 적응하면서 일 잘하는 것으로는 부족하다. 다른 사람들에게서 일을 잘한다는 평가를 받아야 한다. 회사에서 누가 누구인지를 안다면 당신은 사람들을 도울 수 있고, 사람들도 당신을 도울 수 있다.

뛰어난 인재는 회사 내부에서도 자신의 현재 업무에 도움이 될 영향력 있고 능력 있는 인맥을 구축해둔다. 정리해고, 승진, 이동, 연봉 인상과 같은 결정이 이루어질 때 내부 인맥이 얼마나 도움이 될지 생각해보라. 사람들이 당신을 잘 알지 못한다면 좋은 자리에 발탁될 리 없다.

인간관계의 앵커

NLP의 세계에서 앵커는 지속적인 반응을 일으키는 자극이 된다. 원인과 결과의 간단한 원리를 생각하면 앵커를 이해하기 쉽다. 소음을 듣거나, 무언가를 보거나, 감정을 느끼는 어떤 일이 생기면 항상 동일한 반응을 일으키게 된다. 예를 들어 신호등이 빨간불로 바뀌면 걸음을 멈춘다. 중요한 행사에서 나오던 음악이 들리면 마음이 그때의 상황으로 돌아간다. 이러한 반응은 당신에게 도움이 되고 생존에 꼭 필요한 요소일 수도 있으나, 도움이 안 되는 반응도 가끔 있다.

앵커는 인맥 형성에 매우 도움이 된다. 이 장에서는 앵커에 대해 알아보고, 여러 분야에서 앵커가 어떤 가치와 중요성을 갖는지 생각해보자. 우리가 이미 다룬 8개의 자질, 즉 긍정적인 태도, 자신감, 에너지, 호기심 등을 강화할 수 있는 긍정적인 앵커는 당신이 목표에 도달할 수 있다는 확신을 심어 준다. 또한 긍정적인 앵커는 의사소통과 의사결정을 도와주고, 당신이 유연한 팀 플레이어라는 사실을 상기시켜 주기 때문에 성공의 비밀 무기가 된다.

사업에서 성공하는 사람들은 무엇이 불필요한 감정과 반응을 일으키는지 알며, 자신이 최고의 상태에 이르는 데 필요한 앵커를 만들어둔다. 누군가가 최선을 다하거나 최고의 기분을 느끼게 될 때 최고의 상태라고 말한다. 이런 상태는 사람마다 다르다. 직원들 모두가 최고의 상태에서 최선을 다한다고 상상해보라. 그러고 나서 최고의 상태에 이르는 데 필요한 수단이 무엇인지 확인하고, 팀에는 무엇이 필요한지 생각해보자. 최고의 상태에 이르도록 통제할 능력이 생기면 팀은 최고의 성과를 거둘 수 있다.

긍정적인 앵커

긍정적인 앵커는 자신을 신뢰하고, 긍정적으로 사고함으로써 더 많은 것을 성취할 수 있게 해준다. 이는 무의식 차원에서 과거에 성공을 거두었거나 행복했던 시절을 떠올리게 될 때 가능하다. 긍정적인 앵커를 활용하여 어떻게 당신과 사람들이 발전하고, 인맥을 확장시킬 수 있을까? 회의에서 가장 요긴한 앵커는 명함이다. 사람들은 만나면 습관처럼 서로 명함을 교환하는데, 이를 통해 앞으로 새로운 인맥과 연락할 수 있고, 이 긍정적인 앵커를 한 단계 더 발전시켜 더욱 좋은 인상을 남길 수 있다.

내가 선호하는 방법은 상대방의 환대나 도움에 감사하는 카드를 직접 손으로 써서 보내는 것이다. 이메일이나 문자 메시지는 다른 사람으로부터도 끊임없이 쏟아지므로 강한 인상을 남기기 어렵다. 평범한 방

유명한 레코드 프로듀서였던 팀 스미츠는 콘월에서 '헬리건의 잃어버린 정원'
(18세기에 지어진 아름다운 정원이었으나 제1차 세계대전으로 폐허가 된 후 방치되어 있음
─ 옮긴이)을 발견하고 그 자리에 에덴 프로젝트(지속 가능한 미래와 인간과 환경의
관계를 강조하는 세계 최대의 식물원 ─ 옮긴이)를 설립했다. 그는 독특하면서도 특
별한 사업을 통해 성공을 거둔 것으로 유명하다.

그는 2009년 로열 앨버트 홀에서 열린 인스티튜트오브디렉터스 회의 연설에
서 사람들과의 만남이 그의 삶에서 얼마나 강력한 힘을 발휘해 왔는지 역설
했다. 만약 자신이 무엇을 알아야 하는지 모른다면 먼저 많은 사람을 만날 기
회를 만들어야 한다고 말했다. 가령 그는 행사 초청을 7개 단위로 나누어 7번
째에 오는 초청은 어떤 행사든 반드시 참석했는데, 이는 그의 세상을 새롭고
예상치 못한 일들로 채우기 위한 것이었다.

법보다는 특별한 방법이 좋지 않겠는가? 카드는 책상에 놓인 후 상당
기간 보관될 것이므로 상대방은 당신이 누구인지 계속 기억하게 될 것
이다.

당신은 이미 가지고 있는 수단을 이용하여 사람들을 기분 좋게 만들
수 있다. 점심식사나 홍보 오찬 행사에서 찍은 사진이 있다면 관심이 보
일 사람들에게 사진을 보내주는 것도 좋다. 비용을 전혀 들이지 않고 이
메일로 보내도 좋고, 더 적극적으로 약간의 비용을 들여서 인화한 것을
보내도 좋다. 비즈니스는 사무적인 교류 이상을 의미한다. 비즈니스란

상대방을 인정하고 그들을 존중하여 당신이 상대방을 인정한다는 것을 알리는 일이기도 하다. 앵커링 준비를 해두고 사람들이 당신을 우선적으로 떠올리게 하라. 금요일마다 케이크를 들고 나타나거나 회의실에 꽃을 꽂아두면 어떨까? 적은 비용으로도 효과가 엄청날 것이다. 이러한 노력을 통해 당신의 존재와 사람들이 본능적으로 떠올리는 당신에 대한 인상을 연결시킬 수 있다.

이제 팀을 위해 새롭고 긍정적인 앵커를 창조하는 일을 우선순위로 삼아라. 예컨대 모든 사람이 금요일 오후 5시에 이번 주 성공을 평가하는 이메일을 보내야 하는 규칙을 만들 수도 있다. 또는 한 달에 하루를 '자유 주제로 이메일을 쓰는 날'로 지정하는 것도 좋다. 무엇을 하든지 팀에 도움이 될 방법을 찾고 팀의 모든 사람에게 혜택이 돌아가도록 하라.

부정적인 앵커

부정적인 앵커는 상대방을 지치게 하고 두려움, 슬픔, 죄책감, 분노와 같은 반응을 불러일으킨다. 도움이 되지 않는 이러한 부정적인 앵커를 피해 부정적인 기분을 느끼지 않도록 해야 한다. 부정적인 앵커가 무엇인지 알고 피하도록 준비하는 기술이 필요하다. 그러한 기술을 갖추지 못한다면 앞으로 나아가지 못하고 멈출 수밖에 없다. 뛰어난 인재는 스스로 자신을 다스릴 줄 알고 자신이 무엇을 하는지 알고 있다.

Insight in story ·-------------------------

에타 코헨은 업무상 알게 된 여자 친구와 점심을 함께했다. 이때 두 사람은 매우 값진 시간을 보냈다고 생각해 다음 달에는 각자 친구를 데려와서 만나기로 약속했다. 그 방법은 효과적이었고, 인맥은 빠르게 확대되었다.

모임의 기본은 간단했다. 비공식적이며 자유로운 사교 모임으로, 유일한 목적은 정기적으로 직장 여성들이 만나고 친분을 쌓는 것이었다. 기업들은 이 새로운 모임의 영향력을 인식하고, 교육 워크숍, 식사, 연사, 장소 지원을 하고자 발 빠르게 줄을 섰다. 행사에는 공식 회의, 발표, 학습 프로그램, 순수한 오락 목적의 프로그램 등이 포함되었다. 지금은 '포워드레이디스'라는 이름을 갖게 되었고, 현재 이 모임은 회원 3,500명 이상, 한 달 방문자 5,000명 이상인 웹 사이트를 보유한 큰 조직이 되었다.

에타 코헨은 지금도 간단한 기본 원칙을 유지하고 사람들이 인맥을 넓히도록 지원한다. 그녀는 다른 사람들에게 롤모델이 되고 있으며, 서로 돕는 관계가 결국 비즈니스의 성공을 낳으므로 서로 나누자는 것을 조직의 가치로 내세운다. 포워드레이디스를 통한 인맥 덕분에 수백만 파운드의 사업적 가치가 창출되었고, 에타는 이제 조직을 국내외로 성장시키고 있다. 그녀는 "적극적으로 관리할 수 있는 강력한 인맥이 있다면 더욱 인정받고 도움이 되는 사람이 될 수 있다. 비즈니스는 결국 인맥과 아는 사람들을 관리하는 네트워킹에 기반한다."라고 말한다.

나는 런던의 한 광고기획사의 마케팅 이사와 일한 적이 있다. 그녀는 모든 사람에게 긍정적인 평가를 받았다. 하지만 그녀는 직장에서 갈등이나 논쟁을 겪을 때마다 어릴 때 집에서의 불화가 떠올라 이에 잘 대처하지 못했다. 말싸움이나 열띤 논쟁이 일어나는 상황이 생기면 눈에 눈물이 고이고 울기 시작했다. 동료들은 그런 모습에 불편한 감정을 느꼈고, 그녀가 약하다고 은근히 무시하기도 했다.

그녀는 결국 자신의 문제를 해결해야겠다고 결심하고, 그 방법을 찾기로 했다. 먼저 가족의 불화에 대한 기억을 없애고, 그 자리에 활발한 논쟁 후 성공적인 업무 성과로 이어지는 이미지를 그렸다. 그 결과 그녀는 마침내 자신의 감정을 통제할 수 있었다.

부정적인 앵커에 대한 또 다른 접근법은 다른 사람들에게 부정적인 반응을 이끌어내는 요인이 무엇인지 아는 것이다. 사람들의 행동이 항상 이성적인 것은 아니므로 어떤 반응에도 마음의 준비를 해야 한다. 나는 테이크아웃 커피를 들고 있는 사람만 보면 화를 내는 고객을 본 적이 있다. 그는 스타벅스 컵을 보면 마치 '부모의 유골함' 같다고 불쾌한 감정을 드러냈다.이러한 감정은 그에게 전혀 도움이 되지 않으며, 그와 함께 일하는 사람들은 대화의 소재를 바꿔서 그가 평정을 되찾도록 해야 했다. 또는 종이컵이 아니라 머그잔에 커피를 담으면 그의 문제가 해결되기도 했다. 당신은 세상을 바꿔야 할 임무가 있는 것이 아니다. 단지 싸울 가치가 없는 것에 대해서는 당신을 조금 적응시키면 된다.

당신에게 부정적인 반응을 일어나게 하는 앵커가 무엇인지 이 기회를 통해 생각해보자. 회사의 휴식 공간이 어지럽혀진 모습, 회의에 사람들이 지각하는 상황, 화이트보드에 펜 닿는 소리, 계속 펜을 딸깍거리며 누르는 소리 등이 그 예라 할 수 있다. 나의 경우 아이팟으로 음악을 너무 크게 들어 주변 사람들에게까지 소리가 들리는 상황이 부정적인 앵커다.

이런 상황에서 생겨나는 감정은 도움이 되지 않는다. 사람들은 당신이 안절부절못하는 모습만 기억할 것이다. 그리고 같은 방법으로 당신은 다른 사람들의 부정적 앵커를 발견할 수 있다.

부정적인 앵커 제거하기

부정적인 앵커가 무엇인지 생각하고 기록해보자. 부정적인 앵커를 제거하려면 일단 그 정체를 파악해야 하기 때문이다. 삶에 부정적인 앵커가 존재하는 한 그것에 휘둘리게 된다. 그러므로 이제 주도적인 위치를 되찾고 부정적인 앵커를 영원히 없애버리자. 부정적인 앵커는 무의식 차원에서 작용하니 일단 이를 의식하는 것이 출발점이다.

새로운 앵커의 고리

행동과 반응을 일으키는 자극은 보통 또 다른 반응을 연속적으로 유발한다. 그 자극이 무엇인지 파악하면 작은 단계들로 이루어진 닻의 고리를 파악하여 그 반응 패턴을 깨버리고 새로운 앵커의 고리를 만들 수 있다. 물론 불편한 마음이 한순간에 사라지기를 바라는 것은 지나친 욕심이다.

그러나 상황에 따라 몇 가지 방법이 있다. 예를 들어 아이팟의 소음 때문에 느낀 불편함을 없애기 위한 간단한 방법은 유머다. 헤드폰을 연결하는 줄을 큰 가위로 잘라서 아이팟을 듣던 사람이 갑자기 침묵의 세계로 빠져 어리둥절해하는 장면을 상상해보는 것이다. 또는 머릿속에 떠도는 음악에 작은 잡음을 집어넣고, 그 잡음의 볼륨을 서서히 높여 아이팟의 음악이 들리지 않게 하는 것도 있다. 최종적인 단계로 자신의 아이팟을 꺼내 좋아하는 음악을 들으면서 긍정적인 앵커가 자리잡도록 하라.

인맥 넓히는 법

　인맥을 넓히는 데 난관이 많아 의기소침해진다거나 인맥 쌓는 기술을 향상시키고 싶다면, 기본적인 몇 가지 방법을 알아보자. 삶에 도움이 될 사람들을 알아나가는 일이 어려운 이유는 무엇일까? 우리는 5장에서 자신을 제한하는 믿음에 대해 알아보았다. 당신을 앞으로 나아가지 못하게 하는 원인이 무엇인지 생각해보라. 원인을 생각해보고 솔직한 마음으로 그 원인을 받아들인 다음 그것을 제거하겠다는 굳은 의지로 자신에게 철저해야 한다.

　과거에 사람들과 어울리다가 안 좋은 일을 겪었다면 5장에서 논의한 관점 바꾸기 기법을 사용해보자. 행사에 참석하면 미지근해진 와인이나 물컵을 들고 구석에 앉아 다른 사람들은 이미 서로 아는 사이인 것 같다는 생각을 하고 있을 것이다. 이 상황의 틀을 바꾸어 당신을 다른 장소에 있다고 상상하라. 예전에 세상은 약간 무섭고 두렵게 느껴졌다. 그러나 이제 당신은 인맥을 키우겠다는 목적이 있는 사람이며, 만나는 사람에게 먼저 자신 있게 말을 건다. 또한 대화를 시작하기에 좋은 소재를 몇 개 준비해두었다. 이제 당신은 편안하게 인맥을 관리할 준비가 되었다.

외부 인맥

직장에서 영향력이 있고 탄탄한 인맥을 구축하는 것도 중요하나 뛰어난 인재들은 외부 인맥도 갖추고 있다. 외부 인맥은 반드시 업무에 관련된 사람들은 아니며, 함께할 때의 분위기도 딱딱하기보다는 자연스럽다. 회사 밖은 당신의 능력을 점검하고 새로운 아이디어를 탐색하고 조언과 확신을 얻을 수 있는 사람을 만날 수 있는 장소다. 관점과 활력의 종류가 서로 다르기 때문에 여러 가지 방법을 제시해줄 수 있다.

Insight in story

인스티튜트오브디렉터스의 대외협력 이사인 알렉스 미첼은 인맥 관리는 흑마술이 아니라고 믿는다. 인맥은 사람들을 돕고 응원함으로써 신뢰감을 주는 수단이다. 허물없는 인적 교류를 통해 공급망을 안정적으로 만들 수도 있다. 회사가 고객들과 돈독한 관계를 형성한다면 고객들은 그 브랜드의 일부가 된 것으로 느낀다. 따라서 인맥 관리는 회사가 어떻게 노력하고 있는지 그 열정을 전달하는 데 결정적인 기여를 한다. 인맥 관리는 단순히 얄팍하고 표면적인 활동이 아니라 성의와 노력을 입증시키고 장기적인 관계를 더욱 강화하는 방법이 된다.

소셜네트워크 서비스의 활용

인터넷은 우리를 세상과 연결한다. 인터넷을 사용하지 않으면 세상과 단절될 것이다. 오늘날 비즈니스에서는 기술 혐오주의가 설 자리가 없다. 새로운 기술을 받아들여 입지를 강화하고 당신이라는 브랜드를 성장시킬 수 있도록 기술이 주는 혜택을 이용하라.

링크드인뿐 아니라 페이스북의 가치를 살펴보는 것도 좋다. 페이스북을 적절하게 활용하면 아는 사람들, 잊고 있던 사람들, 아직은 만나본 적 없는 사람들을 찾을 수 있다. 많은 사람에게 페이스북은 인간관계가 원만한 사람임을 나타내는 긍정적인 앵커로 작용한다. 그러나 페이스북 상에서 말실수를 하면 부정적인 인상을 줄 수 있다는 점을 명심하자.

오늘날의 유행, 트위터

트위터가 커리어에 미치는 효과에 대해서는 아직 의견이 분분하지만, 트위터를 어떻게 유익하게 활용할 것인가 고민해보는 것이 좋다. 트위터를 사용하기로 했다면 먼저 140자 이하의 짧은 글을 쓰는 것이 첫 번째 과제다. 긴 한 문장을 통해 사람들에게 자신의 성격과 생각을 전달해야 한다.

트위터 전략

마지막 단계부터 생각해보자. 당신이 남긴 글을 사람들이 어떻게 받아들이기를 원하는가? 왜 트위터를 하는가? 단지 재미삼아 친구들끼리 트위터를 하고 싶다면 친구들에게만 글을 공개하여 상사, 동료, 미래의 상사가 될지도 모르는 사람들이 당신의 글을 읽지 못하게 하라. 구글은 많은 글을 저장하고 기억하기 때문에 과거에 남긴 글이 어느 날 당신에게 피해를 줄 수도 있다. 무언가를 얻고 지식을 공유하기 위해, 기업이나 당신의 브랜드 인지도를 높이기 위해 트위터를 하려고 한다면 목적을 분명히 정하자. 어떤 목적으로 트위터를 하는가?

다음으로 당신이 누구인지 간단히 알려줄 수 있는 프로필을 점검하라. 장문의 글을 쓸 수도 없고 프로필을 특정한 사람에게만 보여줄 수도 없으므로 단어를 신중하게 선택해야 한다. 다른 사람들에게 어떻게 보이고 싶은지 생각하고, 긍정적인 내용을 작성한다. 당신이 바라는 소망, 표현하고 싶은 인상을 요약하는 포괄적인 내용을 담는다. 글을 읽는 사람들은 당신의 의도를 정확히 읽지 못할 수 있으므로 주의해야 한다. 의사소통의 성패는 결국 다른 사람의 반응에 의해 결정된다.

Insight in story

채용 과정에서 만난 한 지원자는 제인이라는 사람에 대한 이야기를 해주었다. 어느 날 제인의 차가 사고로 망가졌고 그녀는 충격에서 벗어난 후 친구들과 트위터상의 지인들에게 자신의 처지를 하소연하는 트위트를 남겼다. 안타까운 소식을 확인한 한 친구가 즉시 답을 보냈는데 메시지는 LOL로 마무리되어 있었다. 친구가 의미한 바는 '사랑을 담아 보냄lots of love'였는데 제인은 이 단어를 '웃겨 죽겠어laugh out loud'로 해석했다. 그 후 공개적인 말싸움이 민망하게 이루어졌다.

통신 기술이 발전하여 업무에 많은 혜택을 주고, 그 기술을 통해 인맥을 넓힐 기회가 매력적이라고 하더라도 통신 기술은 수많은 방법의 하나일 뿐이라는 점을 명심하라.

만남으로 얻는 값진 보물

　의사를 전달할 때 통신 기술에 지나치게 의존하지 않는가? 뛰어난 인재는 일부러 시간을 내서 직접 사람을 만나려고 하고, 예상하지 못한 곳에서 값진 정보를 얻는다. 이메일과 전화상의 대화는 결론이 나지 않은 채 말만 계속 오갈 가능성이 크다. 그러므로 전달할 메시지가 있을 때 직접 만나서 말하는 것은 어떨까? 상대방은 즉시 답변을 줄 것이고, 이로써 업무가 간단히 마무리된다. 또한 전화나 이메일로는 동료나 고객이 느끼는 다른 관심사나 걱정거리를 절대 들을 수 없다. 대화를 직접 나눌 수 있는 공간을 마련하지 않는다면, 새로운 프로젝트를 시작하고 변화를 주도하며 새로운 아이디어를 얻을 소중한 기회를 놓치게 된다.

놓치고 있는 것은 없는가?

　때때로 목표를 향해 달려가느라 바로 눈앞에 있는 것을 놓칠 때가 있다. 이제 비전을 수정하고 인식의 범위를 넓히는 단계를 밟을 때다. 프

영업이사로 일하고 있는 데이비드는 어느 날 고객에게서 자신의 사무실로 와서 진행 중인 프로젝트에 대해 논의하자는 요청을 받았다. 그는 이메일로 의견과 제안을 보내려고 생각하고 있었기 때문에 그 요청이 번거로웠다. 고객사에 가려면 차로 30분 정도 걸리기 때문에 왕복 한 시간을 낭비하고 싶지 않았다. 하루 절반의 시간을 그냥 보내게 될 것이라는 생각뿐이었다.

데이비드는 고객사에 도착해서 그곳의 사장이 다른 회의에 참석하고 있다는 것을 알게 되었고, 결국 공식 회의 대신 사장과 점심식사를 함께할 기회를 가졌다. 그 자리에서 그들은 고객사의 계획에 대해 자유롭게 논의하다가 고객사와 데이비드의 회사에 모두 도움이 될 제안을 하게 되었다. 그 자리가 끝나갈 무렵 데이비드는 회사의 가치를 높이기 위해 무슨 일을 할 수 있는지 아이디어를 얻을 수 있었고, 일주일 후 고객에게 제안서를 제출하고 승인을 받았다. 그뿐 아니라 중요한 고객사의 더 높은 임원들과 교류할 수 있었고 또한 자신의 가치를 입증해보였다. 그는 업무의 결과를 이메일로 전달해도 자신의 능력과 철저한 시간 개념을 보여줄 수 있었겠지만 고객을 직접 만남으로써 신뢰받는 내부자가 될 기회를 얻을 수 있었음을 깨달았다.

로젝트를 시작할 때 자신이 주변 사람들의 시각과 지식을 이해하고 있는지 확인했는가? 주변 사람들과 직접 대화를 나눔으로써 업무 시간을 몇 시간이나 절약할 수도 있다. 회사 내부의 인맥은 회사에 대해 잘 알고 있고 경험이 있으므로 당신의 식견을 넓혀줄 수 있다.

새로운 사람을 채용하느라 바쁜 시간을 보내는 동안 조직 내의 모든 영역에서 인재가 있는지 확인해보았는가? 내가 아는 수많은 기업은 어느 날 갑자기 단기 계약 직원이나 창고 관리자에게서 무한한 재능과 잠재력을 발견했다고 한다. 현재 모든 직원을 알고 있으며, 그들에게 어떤 능력이 있는지 알고 있다고 확신할 수 있는가?

회사 휴게실에서 커피를 타고 어젯밤에 본 TV 프로그램이나 날씨 이야기를 하는 대신, 잘 모르는 동료에게 말을 걸고 그들에 대해 더 알아보라. 그렇게 함으로써 그들의 역량은 물론, 그들의 인맥도 알게 될 것이다. 하지만 이 모든 것은 오로지 당신이 시간을 내고 노력해야만 가능하다.

더 많은 정보를 알수록 더 많은 사람을 의사결정에 참여시킬 수 있다. 그리고 당신은 더 많은 사람을 알게 되고, 당신과 회사에 도움이 되는 그들의 강점을 발견할 수 있다.

주변 시야 넓히기

이 훈련을 통해 당신의 경계를 넓혀보자. 접시 크기의 큰 검은색 원을 그리고, 앞에 보이는 벽에 그 그림을 붙여라. 당신이 그 원 안에 있는지 밖에 있는지는 중요하지 않다. 특정한 곳을 응시하지 말고 앞을 바라보자. 검은 원을 보고 점차 원과 함께 그 밖의 영역에서도 무엇이 보이는지 알아보도록 하자. 당신은 앞을 바라보면서 동시에 양쪽 눈 밖의 영역도 바라보고 있다. 바라보는 곳은 계속 정면이지만 오른쪽과 왼쪽을 인식하는 범위도 조금씩 넓혀가라.

주변의 시야가 어떤지 파악했다면 이제 더 넓은 범위를 볼 수 있도록 계속 연습하라. 식당에 앉아 있을 때에도 옆쪽 테이블에서 무슨 일이 벌어지는지 느낄 수 있도록 연습해본다. 시야가 더 넓어질수록 옆 사람들이 무슨 말을 하고, 분위기는 어떤지 파악할 수 있게 된다. 그렇게 되면 당신은 주변 환경과 더 강한 신호로 소통하며 사소한 것도 놓치는 일이 없어질 것이다.

어려운 관계 해결하기

라포를 형성하기 위해 다양한 기술을 동원하고 최고의 화법을 구사했을지라도 친해지기 어려운 경우가 있다. 자주 그런 일을 겪는 것은 아니겠지만, 누군가와의 관계가 원만하지 않다는 것은 조직 내에서 성장하는 데 장벽이 될 수 있다. 살다보면 좋아하지 않는 사람과 관계를 맺어야 할 때도 있다. 이러한 어려움에 처했을 때 다른 사람에 대해 이렇게 이야기하고 있을지도 모른다.

- 그는 너무 거만해.
- 그녀는 지나치게 아는 체하는 것 같아.
- 그는 항상 자기가 옳다고 생각하지.
- 그는 자기가 똑똑한 줄 알지만 사실상 그렇지 않아.
- 그녀는 항상 사람들을 불쾌하게 만들어.
- 그는 무서울 정도로 야심이 커.
- 그녀는 항상 일을 제대로 끝내지 못해.

- 그는 약속을 남발할 뿐 지키지 못해.
- 그녀는 언제나 늦어.

다른 사람에 대해 거슬리거나 당황스러운면이 있다면 당신에게도 역시 그런 면이 있기 때문에 그렇게 느끼는 것일 수 있다. 그러한 면이 이미 인식하고 있는 당신의 일부가 아니라면 어떻게 그러한 단점을 포착했겠는가? 이러한 인식이 상대방에 대한 이미지를 만든다. 자기 자신을 바라보았을 때 중요하게 생각하지 않거나 싫어하는 면이 있을 것이다. 타인을 보고 거슬리거나 당황스러움을 느끼는 것은 바로 타인에게서 그런 점을 발견하고 거부감을 느끼기 때문이다. 우리가 중요하게 생각하는 자질을 갖춘 사람과는 쉽게 어울리는 한편, 자신의 성격에서 마음에 안 드는 점을 갖고 있는 사람들을 보면 그들을 좋아하기 어렵다.

다른 사람들은 자신의 행동을 선택하고 우리는 다른 사람의 행동을 해석하거나 인식하고 싶은 방법을 선택한다. 이 명제를 다음 단계로 가져가서 생각해보자. 우리가 살면서 만나는 사람들은 우리가 무의식적으로 바라는 대로 행동할 것이라는 점을 의미한다. 우리는 자신이 다른 사람에 대해 바라는 점을 그들에게 투영해서 바라본다. 이렇게 투영된 이미지는 우리의 의식으로 들어와 다른 사람에 대한 인식을 형성한다. 다시 말해 당신은 사람들에게서 자신이 보고 싶어 하는 면을 볼 수 있고 자신에게 존재하는 것만 인식할 수 있다.

쉬운 일은 아니겠지만 다음에 회의에 참석했을 때 말하는 사람을 보고 참기 어렵거나 부정적인 느낌이 든다면, 정확히 무엇 때문에 그런 느낌을 갖게 되었는지 생각해보라. 그리고 자신의 내면을 보면서 그러한 요소가 자신의 어디에 존재하는지 찾아보자.

이렇게 참고 고민하다 보면 당신이 누군가를 좋아하든 싫어하든 다른 사람에 대한 고정관념을 갖지 않을 수 있다. 성급하게 결론을 내리지 않을 것이고, 확실하지 않은 부분은 긍정적인 방향으로 생각하며, 사람들의 실수를 너그럽게 받아들이고 그들의 장점도 찾을 수 있다.

사실 함께 일하는 모든 사람을 좋아하는 것은 현실적으로 불가능하다. 그러나 당신이 갖고 있는 부정적인 인식이 자신의 내면을 반영하는 거울일 수 있다는 점을 알게 된다면 더 공정하고 겸손한 시각을 갖게 될 것이다. 따라서 다른 사람들의 다양성과 공통점을 보고 쉽게 수용할 수 있게 된다.

뛰어난 인재로 가는 길에 필요한
NLP 용어

앵커Anchor 일관성 있는 반응을 불러오는 물리적, 청각적, 신체 감각적 또는 시각적 자극. 반응은 닻의 종류와 타이밍에 좌우된다. 우리는 주변 환경의 여러 곳에서 닻을 보고, 듣고, 만지거나 발견할 수 있다.

청각Auditory 들리는 소리, 말하는 소리, 선호하는 말

원인과 결과 Cause and Effect '원인Cause'에 있는 사람은 자신의 행동과 결정의 결과에 전적으로 책임을 진다. '결과Effect'에 있는 사람은 일어난 일에 대해 피해자의 시각에서 남을 탓하고 자신의 삶을 주도하지 못한다.

하향유목화Chunking Down 더 자세하고 구체적으로 정보를 보는 일. 큰 계획이나 아이디어를 작은 부분으로 나누어서 본다.

상향유목화Chunking Up 미시적이고 구체적인 관점을 확대하여 좀 더 추상적이고 큰 틀에서 거시적인 계획이나 전망을 보는 일.

눈동자 관찰 Eye Accessing 사람의 생각을 반영하는 눈동자의 움직임을 관찰하는 일.

목표Goals 구체적인 결과를 얻기 위한 개별적인 개인의 소망. 누군가가 원하는 것.

신체 감각 Kinaesthetic 만지고 느끼는 것.

논리적 단계 Logical levels 자신의 목적의식을 깨닫게 되는 최종 단계까지 나아가기 위한

개인 성장의 점진적 단계.

세상의 지도 Map of the World 세상에 대한 개인의 고유한 해석으로, 자신의 경험과 인식을 통해 형성된다.

일치 시키기 Matching 다른 사람의 몸짓 언어와 행동 일부를 따라함으로써 다른 사람들과의 라포를 증진시키는 방법

거울 반응하기 Mirroring 의도적으로 상대방의 몸짓 언어를 거울처럼 따라함으로써 라포를 증진시키는 방법

맞추기Pacing 상대방의 행동 일부를 나의 행동과 일치시키고 거울 반응을 함으로써 라포를 빠르게 증진시키는 방법

이끌기Leading 거울 반응하기와 일치 시키기를 통해 성공적으로 라포를 형성한 후 미세한 행동 변화를 통해 상대방이 당신의 행동과 사고방식을 따르게 하는 방법. 상대방의 행동을 변화시키기 위해 사용된다.

신경언어프로그래밍Neuro Linguistic Programming
① 신경 : 사람들이 생각하고 느끼고 상상하는 마음의 영역
② 언어 : 글과 말. 글과 말이 아닌 언어도 포함된다.
③ 프로그래밍 : 언어를 통해 마음을 변화시키는 방법
신경언어프로그래밍은 목표를 달성할 수 있도록 도와주는 기법과 수단의 집합체로 그 내용과 규모는 나날이 증가하고 있다. 핵심 내용은 언어의 능숙한 사용, 우수성의 모형화, 신속하고 효과적인 변화다.

NLP의 전제 Presuppositions of NLP NLP의 기반이 되는 전제로 NLP의 핵심적인 신념을 나타낸다.

라포Rapport 신뢰와 친근감으로 이루어진 인간관계다. 라포를 형성하기 위해서는 타인의 감정, 사고, 경험을 이해할 수 있는 공감대 형성을 위해 노력해야 한다.

관점 바꾸기 Reframing 섬세하게 언어를 구성해 의사소통에 더욱 건설적인 의미를 부여함으로써 의도적으로 상황의 흐름을 바꾸는 빠르고 효과적인 방법

표상체계Representational Systems 표상이란 외부의 어떤 상황이나 대상, 경험 또는 과거의 경험이나 지각했던 것을 마음속에서 생생하게 그려내는 것을 말한다. 표상체계란 시각, 청각, 촉각, 후각, 미각의 오감을 통해 삶을 경험하는 방법을 의미한다.

순간변화기법Swish Pattern 버리고 싶은 습관 또는 도움이 되지 않는 습관적 반응을 바꾸는 방법. 이 기법은 긍정적이고 새로운 방법으로 일할 수 있도록 도와준다.

시각Visual 눈을 통해 정보를 받아들이는 감각